Хочешь…

быть истинной женщиной?

Я посвящаю эту книгу

женщинам всего мира

Благодаря вашему творчеству
мир так ярок и многогранен!

Оформление и компьютерная верстка Кармен К. Хазелвантер
Перевод с немецкого языка Ольги Бутовой

Кармен К. Хазелвантер

Хочешь…
быть истинной женщиной?

Раскрой свой потенциал!

И в тебе скрыта «породистая женщина». Прояви ее!

Библиографическая информация Немецкой национальной библиотеки
Немецкая национальная библиотека указывает эту публикацию в Немецкой национальной библиографии; подробные библиографические данные доступны в интернете по адресу http://dnb.d-nb.de.

© 2019 Кармен К. Хазелвантер
Creativitá Productions

ISBN: 978-3-9071-5123-5
Все права защищены.

www.creativita.productions

Содержание

Содержание 7
Предисловие 8
Используй прочитанное по максимуму 17
Мифы и факты, старые как мир 21
Желаешь получить удовольствие? 36
Путь к счастью в личных отношениях 44
Следуешь ли ты зову своего сердца? 61
Сколько денег ты носишь при себе? 72
Духовность как главный козырь счастья 91
Твое тело — это твой дом 110
Насколько ты реализуешься в сексуальной жизни? 121
Принимай решения СЕЙЧАС 138
Твое новое Я и твое окружение 154
Выражай благодарность 170
Заключение 176
Заметки 177
Заметки 178
Заметки Заметки 179
Приложение 181
Биография Кармен К. Хазелвантер 190
Информация о контактах 193
Другие произведения автора 194
Благотворительность 194

Предисловие

Дорогая читательница, дорогой читатель,

благодарю тебя за твой интерес к теме, которая меня волнует, и за желание узнать больше о том, что значит быть истинной женщиной. Родиться женщиной — значит, сделать подарок этому миру, который так прекрасен именно благодаря нашим женским талантам и способностям. Во многих культурах женщины настолько незаменимы, что вся система рухнет, если женщина вдруг перестанет исполнять традиционно отведенные ей роли. Женщины часто работают больше, чем мужчины. В роли матерей маленьких детей они спят мало и чутко, в любую секунду готовые подняться к малышу. В роли домохозяйки они делают невозможное возможным для всех членов семьи. Современная женщина — это супервумен и чудо природы в одном. К сожалению, она часто не осознает свою истинную ценность для этого мира.

Я буду обращаться к тебе на «ты», потому что я хочу войти в контакт с твоим сердцем и изменить твою жизнь к лучшему!

Да, я написала эту книгу для женщин, что, однако, не означает, что для мужчин она будет бесполезной. Наоборот! Я сердечно приглашаю мужчин, заглянуть внутрь этой книги. Прочитав ее, вы станете лучше понимать женщин. А также еще больше любить и уважать их!

Я не знаю, как моя книга попала к тебе в руки. Тебя заинтересовал ее заголовок, и ты с интересом начала переворачивать страницу за страницей, и, в итоге, решилась на покупку? Или ты получила эту книгу в подарок? Может быть, даже от твоего мужчины? И прочитав название, ты с негодованием посмотрела на него и спросила, что все это значит?! Что он себе позволяет?! Не считает ли он тебя «неистинной», то есть неполноценной, женщиной?! И не являются ли рожденные тобой от него дети ярким опровержением таких намеков? Собственно, неважно, каким образом моя книга оказалась в твоих руках. Я прошу тебя воспринять ее как знак. Информация никогда не попадает к человеку просто так, без причины. У всего есть предназначение. Я приглашаю тебя отбросить сомнения и отправиться со мною в путешествие, в ходе которого ты поймешь, каким образом эта книга может стать полезной именно для тебя. Путешествие будет проходить эмоционально. Какие-то пассажи из книги восхитят и обрадуют тебя, какие-то возмутят и обидят, а какие-то побудят к немедленным действиям для изменения твоей ситуации. Так и должно быть. Помни, что весь мир является «зеркалом» твоего восприятия себя, а от того, как ты относишься к себе, зависит то, как ты относишься к миру, а мир, соответственно, к тебе. Позже я расскажу тебе подробнее о том, как работает «закон зеркала». А для начала просто поверь мне на слово, что это очень мощный трансформационный инструмент, способный изменить жизнь любого человека к лучшему. В том числе и твою жизнь. Позволь себе принять участие в увлекательном эксперименте по преображению. В конце концов, что ты теряешь? Ты можешь только выиграть!

Если тебе эта книга все-таки не понравится, прошу отдать ее «в хорошие руки». Все в мире происходит неслучайно, и знания, которыми мы делимся с миром, возвращаются к нам в форме позитивной энергии. Смотри, только благодаря тому, что мы столетиями делились друг с другом знаниями, мы живем сегодня в веке сенсационных технологий.

И напоследок я от всего сердца прошу тебя **превратить твою жизнь в произведение искусства, раскрыть свою уникальность**! Ты этого достойна! Не сиди и не жди принца, который освободит твою уникальность из заточения. Возьми свою судьбу в свои руки и начни делать все возможное для того, чтобы жить той жизнью, которой ты хочешь жить. Ведь именно для этого ты появилась на свет!

На этом я от всего сердца желаю тебе силы, энергии и организованности на пути изменения твоей жизни к лучшему. Найди в себе задатки истинной, породистой женщины и прояви ее. Помни, что ты являешься наследницей Евы и Клеопатры. Неси звание женщины гордо и с достоинством!

Я желаю тебе любви и всего самого доброго!
Твоя Кармен К. Хазелвантер

Почему необходимо прочитать эту книгу?

Каждый год в свет выходит огромное количество книг. Среди них есть те, которые рассказывают о новейших исследованиях и тем самым подтверждают, что заметно изменить свою жизнь к лучшему наконец-то стало доступно каждой женщине. И есть те, которые показывают, как к этому прийти и тем самым вдохновляют на действия прямо «здесь и сейчас». В этом смысле моя книга — «два в одном». Она покажет тебе, как можно улучшить качество своей жизни, окрылит и поможет сделать первые — порой самые трудные — шаги.

Зачем женщине читать книгу о том, как быть женщиной?
Ты — женщина, и возможно спросишь себя, стоит ли тебе читать книгу о том, как быть женщиной. Ты же женщина и вроде бы знаешь, как устроены женщины… И как устроена ты… Но так ли это на самом деле?! Вот честно, положа руку на сердце? Как часто ты ловила себя на мысли, что у тебя в этом плане есть вопросы, на которые ты не знаешь ответов. Вопросы, которые продолжают тебя мучить даже после задушевных разговоров с лучшей подругой.

Да, ты — женщина! И я тоже женщина! И именно поэтому я прекрасно знаю, что мы, женщины, часто являемся для самих себя «загадкой Сфинкса». Поэтому я приглашаю тебя в путешествие к самой себе, в процессе которого ты разгадаешь свою загадку. Ты найдешь скрытые в тебе сокровища — твои уникальные способности и таланты — и поймешь, как показать их миру так, чтобы твоя жизнь и жизнь окружающих тебя людей стала ярче, легче и радостнее.

Счастливая жизнь в теле женщины! Да, именно в теле женщины — в этом чуде природы, возможности которого чувственно воспринимать удовольствие от жизни в разы превышают способности мужского тела. В нас, женщинах, скрыт такой колоссальный потенциал именно женских качеств и способностей, раскрыв который у нас больше не будет необходимости заимствовать воинственные модели мужского поведения. Ты убедишься в том, что пришло время, когда мы, женщины, наконец-то, можем не просто взойти на борт мужских кораблей, не подвергая их опасности, как гласит старое поверье моряков. Более того — мы можем отправиться в путь на собственных судах! Для этого в нас есть колоссальные ресурсы, раскрыв которые мы можем с гордостью, без страха и стыда вести себя всегда и везде по-женски, будучи при этом мудрыми миротворицами, достойными наследницами Клеопатры. Я называю таких женщин истинными, породистыми женщинами. Женщинами, неуемная жажда жизни которых способна свернуть горы! Я считаю, что истинная, породистая женщина живет в каждой женщине. В том числе и в тебе! И потому, мои дамы: В добрый путь!

Полезна ли будет эта книга мужчинам?

Разумеется! Эту книгу я написала и для мужчин. Потому что для многих из них женщина тоже является «загадкой Сфинкса». Полной противоречий и сомнений, думающей «да», но произносящей «нет», с настроением, меняющимся как погода в апреле... и при всем этом такой красивой и желанной.

Во время нашего путешествия мы выйдем за рамки клише и увидим, что мужчины любят не только женские тела и свои бурные фантазии в отношении этих тел. И что женщины хотят в отношениях со своими мужчинами быть не только единственными, понятыми и ценными. И потому, мои господа: Отдать концы, полный вперед!

Какова цель этой книги?

Я хочу пригласить женщин всего мира взойти на борт своих

личных кораблей. При этом не скромно ютиться на их корме или отсиживаться в трюме, а занять место у штурвала! Я уверена, что каждая женщина может стать смелой, отважной капитаншей своего корабля. Я убеждена, что в каждой женщине скрыт огромный потенциал способностей и талантов. Многие из них женщина традиционно реализует на благо своей семьи, друзей, общества. А некоторые остаются нераскрытыми потому, что заботясь о других, женщина — опять-таки традиционно — забывает заботиться о себе.

Чего хочет женщина исключительно для себя, какие дерзкие детские мечты всплывут в ее памяти, если она возьмет штурвал своего корабля в свои заботливые руки? И потому я повторяю: Поехали!

Заканчиваем жить как страусы!
Займи место у штурвала корабля твоей жизни, хватит отсиживаться в трюме! Такое поведение называется «стратегией страуса». Страус — животное, которое (образно выражаясь) прячет голову в песок, как только почует опасность. Но мы же с вами разумные люди и должны понимать, что реагировать на любые изменения в жизни с помощью одной и той же стратегии неэффективно. Мы не должны «мириться с обстоятельствами», «принимать все, как есть», «довольствоваться малым», оправдывая себя такими поговорками как «от судьбы не уйдешь», «бывает и хуже» и т.д.

Смело войди в каюту капитана, открой бортовой журнал и посмотри на карту. Изучи внимательно исходную ситуацию, возможные варианты маршрутов и назови вещи своими именами. Теперь пора превратиться из страуса в пантеру! В гибкую, умную и отважную кошечку, которая в состоянии управлять своей судьбой! Ну что, теперь ты готова встать к штурвалу твоего корабля? Готова стать автором своей жизни?

Кто автор этой книги?

Я родилась в Австрии, но, увидев мои голубые глаза и черные как смоль волосы, родители наградили меня звучным испанским именем. Кармен — это имя как нельзя кстати подходило к моей яркой внешности. Не прошло и полгода, как мои голубые глаза стали зелеными, а из жгучей брюнетки я превратилась в блондинку. Эта внешняя метаморфоза как будто молчаливо провозгласила: Это будет необычная девочка и особенная женщина. Она будет гибкой, но не будет танцевать под общую дудку!

Так и вышло: В возрасте 17 лет я покинула родительский дом. Лондон стал первым опытом моей жизни за рубежом, а дальше я вошла во вкус. С 1987 года я постоянно живу за границей, где я в полной мере реализую мои коммуникативные способности и мою постоянную тягу к исследованию человеческой природы. Изучение иностранных языков давалось мне непросто, но я с энтузиазмом посвящала этому время, так как общение с людьми разного происхождения, разных национальностей и культур всегда доставляло мне неописуемое удовольствие. Я жила в разных странах, путешествовала по миру, пробовала себя в разных профессиях и при этом постоянно имела дело с людьми. Я внимательно слушала разные жизненные истории и училась на чужом опыте.

Учиться и учить — это моя страсть, мое призвание, которое я реализую уже много лет. В качестве коуча, руководительницы фирмы, предпринимательницы, креативного менеджера, фотографа, художницы, писательницы. И прежде всего женщины, которая следует зову своей души!

Зачем я написала эту книгу?

Сколько я себя помню, меня всегда восхищали люди. Особенно женщины! При этом общаясь с женщинами разного происхождения, возраста и социального статуса я часто замечала один общий тип поведения. Многие женщины в разных уголках земного шара день за днем совершают одну и ту же ошибку — со всем присущим им терпением, упорством, мужеством и силой воли они совершают подвиги для своих близких, делая невозможное возможным, но не получают при этом достаточного уважения, восхищения и благодарности. Я слышала много историй из этой серии и в какой-то момент начала их записывать. Мне было ясно: Когда-нибудь я опубликую эти истории в форме книги и тем самым внесу свой вклад в изменение этой ситуации.

Эту книгу я посвящаю *женщинам всего мира*. Это мой подарок замечательным созданиям, которые нередко незаслуженно обделены признанием, уважением и любовью окружающих. Осознать, сколько дел многие из нас каждодневно выполняют для других и как мало времени уделяют себе — больно и нелегко. Но это необходимо сделать, чтобы начать новую жизнь. Жизнь, которой достойны все женщины без исключения!

Хороша ли эта книга в качестве подарка?
Да! Ты можешь смело дарить эту книгу, руководствуясь принципом «чем больше людей прочитает эту книгу, тем больше позитивных изменений произойдет в мире». Первый шаг к тому, чтобы сделать мир лучше — это поделиться знаниями. И ты можешь поделиться знаниями в форме книги. К тому же это очень приятно. Лично я обожаю и читать, и дарить книги. У меня в запасе всегда есть достаточное количество подарочных книг хорошего качества на разные случаи жизни. Пойдет ли эта книга на благо получателю, зависит от его поведения. По моему мнению, эта книга будет интересной и полезной для всех — как говорится «от пионера до пенсионера».

Учиться никогда не поздно. На самом деле все, что мы делаем после того, как мы покинули чрево матери, мы можем делать только потому, что мы этому научились. Поэтому так важно постоянно учиться. И особенно это необходимо старшему поколению. В обществе еще бытует противоположное мнение, но на самом деле только тот, кто постоянно изучает что-то новое, остается молодым душой и телом.

Поэтому если ты захочешь подарить эту книгу, я буду только за. Просто имей в виду, что эта книга нетривиальная, и может произойти так, что получатель будет с какими-то ее пассажами не согласен. Ну и что? Не воспринимай это близко к сердцу. Ты просто делишься знаниями. И это похвально. Я тебя поздравляю: Ты даешь людям возможность взглянуть на их жизнь другими глазами, расширить горизонт восприятия и изменить свое мировоззрение. И это здорово! Знания делают нашу жизнь лучше, ярче, богаче.

Знания — сила

При этом постоянно держи в уме: нашу жизнь способны изменить только те знания, которые мы применяем. Эту истину хорошо сформулировал Гёте: *«Недостаточно только получить знания, надо найти им приложение»*.

Используй прочитанное по максимуму

Мы читаем каждый день. Многочисленные тексты, электронную почту и т.д. И воспринимаем прочитанное в большинстве случаев поверхностно. Я приглашаю тебя отнестись к этой книге по-другому. Как автору мне важно, чтобы она была для тебя максимально полезной. Поэтому я рекомендую использовать книгу как рабочую тетрадь, в которой ты будешь записывать свои мысли, идеи и впечатления от прочитанного.

Как лучше всего работать с этой книгой?

Поскольку ты держишь в руках «два в одном» — не только научно-популярную книгу, но и рабочую тетрадь — используй ее, что называется, «по назначению». Задавай себе вопросы по ходу чтения, выполняй упражнения и… записывай, записывай!

> **Записывай свои мысли, выделяй маркером важные для тебя пассажи, делай заметки на полях.**

Используй эту книгу как инструмент, который должен помочь тебе узнать себя лучше, раскрыть свои скрытые способности, таланты и возможности. Чтобы это действительно произошло, задавай себе вопросы, честно отвечай на них и пиши ответы в тетрадь. Делай все упражнения и записывай результаты. Это самая эффективная форма работы с этой книгой. Таким образом ты придешь к необходимым осознаниям и поймешь, как тебе действовать дальше.

Обрати внимание на то, что прочитать эту книгу «взахлеб» — не самая лучшая идея, поскольку, как я уже сказала, это не только научно-популярная книга, но и рабочая тетрадь. Тебе потребуется время, чтобы найти ответы на затронутые в книге вопросы и выполнить предложенные упражнения. Выдели себе это время!

Выделяй в тексте важные для тебя мысли

Для этого используй маркеры, а также карандаш и ластик. Карандашом ты можешь отвечать на заданные в книге вопросы, а также делать пометки на полях.

Именно твои личные пометки на полях сделают эту книгу твоей личной книгой! А так оно и есть, ведь я написала эту книгу **для тебя**. **Да, именно! Для тебя!** Поэтому используй ее с максимальной пользой для себя!

Ищи важные для себя мысли

Заведи привычку конспектировать прочитанное. Ты можешь делать это прямо по ходу чтения. Для этого выписывай важные для тебя мысли на каждом развороте страниц в правом верхнем углу. Таким образом, чтобы прочитать позже свой конспект, тебе достаточно будет просто пролистать книгу.

При пролистывании ты можешь обнаружить, что вещи, которые для тебя на момент написания конспекта казались важными, больше не имеют значения. Это нормально. Так происходит с каждым человеком. Главное — чтобы ты, видя, что какая-то тема уже неактуальна для тебя, ощущала, что это происходит потому, что ты ее уже «проработала» и теперь находишься на новом витке развития. Что благодаря тому, что ты вчера уделила внимание этой теме, ты сегодня стала более «прокачанной» и чувствуешь себя в этом плане увереннее. Поэтому конспектируй! Это важно для осознания твоего личностного роста!

В конце каждой главы

В конце каждой главы есть место для записей. Я рекомендую записывать туда пять главных мыслей и осознаний, которые пришли тебе в голову по ходу чтения главы. Это поможет тебе сконцентрироваться на самом важном для тебя в настоящий момент времени.

Как только ты дочитаешь книгу до конца, перепиши все то,

что ты написала в конце каждой главы, на карточки формата А5. Расставь эти карточки по квартире так, чтобы ты могла как можно чаще «сталкиваться» с ними. Например, ты можешь поставить их рядом с зеркалом в ванной комнате, прилепить магнитами на холодильник, положить на рабочий стол и т.д. Кроме того, ты можешь поместить их на видном месте в машине. Читай написанное на карточках несколько раз в день и размышляй о прочитанном.

Очень помогает и такое упражнение: каждый день носи при себе одну из карточек и думай на темы, обозначенные на ней.

Действуй дисциплинированно!
Да! Это означает не что иное, как работа с собой по собственной инициативе! Но любой спортсмен подтвердит тебе, что без этого никак. **Без труда не выловишь и рыбку из пруда!**

Поэтому откройся этому процессу. Выдели на это время. Это твоя инвестиция в себя. Вся работа, которую ты инвестируешь в собственное развитие, идет тебе во благо. Это лучшая инвестиция, которую ты можешь сделать.

Учиться — это значит получать подарки
Ты являешься суммой того, чему ты в своей жизни научилась. И неважно, сколько тебе сейчас лет. Человек в принципе устроен так, что его способности и таланты могут проявиться только в процессе обучения.

Какой замечательный подарок заложен тем самым в наших генах! Учиться чему-то новому означает идти новыми путями, открывать для себя новые миры и чувствовать, как при этом внутри крепнет жажда жизни! Как появляются новые интересы и открываются новые возможности! **Учиться необходимо для того, чтобы улучшать качество своей жизни!**

Желаю тебе учиться с удовольствием!

Пять главных тезисов и осознаний, которые ты вынесла из этой главы:

Мифы и факты, старые как мир

Итак, поехали. Что же означает «быть истинной женщиной»? Я не могу начать говорить на эту тему, не разобравшись с замшелыми предрассудками о «женской доле». Эти предрассудки все еще ставят нам, женщинам двадцать первого века, палки в колеса, поскольку в общественном сознании продолжают считаться неопровержимыми фактами.

Женщины — слабый пол…

Это утверждение я слышу и по сей день. Заметь, чаще всего я слышу его из уст мужчин. Тем не менее, это клише плотно сидит и во многих женских головах и оказывает им «медвежью услугу».

Да, действительно, женщины в физическом плане слабее мужчин. К счастью, это так! Или вам хотелось бы, мои господа, чтобы дамы носили вас на руках? Скорее всего, нет. Вообще-то этот факт радует и женщин. Но многие женщины ошибочно полагают, что признав то, что мужчины сильнее их от природы и поэтому со времен неандертальцев с удовольствием исполняют роль «охотников» в семье, они автоматически должны будут играть роль тех, которые «заботятся о костре» и не будут иметь права делать что-либо помимо этого. Какое фатальное заблуждение!

Особенно в последние 60-70 лет женщины на западе делают все возможное и невозможное для того, чтобы опровергнуть этот «закон природы», искренне считая, что тем самым они «отстаивают свои права». Какой театр абсурда — они борются за права, которые у них никто не отбирал! Я имею в виду, по крайней мере не в этом контексте! Впустить в свою жизнь сильного «мужчину-добытчика» вовсе не означает автоматически ограничить свою жизнь ролью «хранительницы очага». И уж тем более это не означает «проявить слабость». В результате этой «борьбы с ветряными мельницами» многие женщины развили в себе поистине железную силу воли и научились виртуозно управлять ею. Вот только всякий раз идя на баррикады, эти женщины одновременно чувствуют тоску по «сильному плечу» в их жизни, по чувству защищенности и безопасности, которые способны дать женщинам именно сильные мужчины. Несчастные, запутавшиеся в своих мыслях и чувствах женщины! Но можно понять и чувства мужчин, избегающих вступать в отношения с такими «женщинами-воинами».

Супервумен

Кто из нас, женщин, не мечтает быть супервумен? Не хочет уметь летать и обладать силой, способной перемещать из одного места в другое на больших суперских машинах с такой суперскоростью, что дух захватывает? При этом так, чтобы макияж постоянно сохранял свою свежесть, а блестящая улыбка неустанно очаровывала зрителей?

А между тем, супервумен появилась на киноэкранах намного позже супермена. Супермен спасает землю с 1947 года, а супервумен долгие годы только изредка появлялась в его мечтах. В абсолютном противоречии с действительностью! В нашем реальном мире женщины каждый божий день совершают подвиги и уже давно доказали всем, что достойны звания супервумен. Документальные фильмы о второй мировой войне показывают нам более чем реальных супервумен, восстанавливающих из руин страны! И эти же хрупкие создания, изнуренные непосильной работой, произвели на свет новые жизни — поколения наших родителей, дедов и прадедов. Так что мои дамы, знайте — **каждая из нас является истинной супервумен!**

Какие роли исполняет женщина?

Ни личная, ни общественная жизнь как западного, так и третьего мира не будет работать исправно, если женщина перестанет реализовывать в своей жизни многочисленные роли.

Их спектр широк: от дочери, сестры, супруги, поварихи, добытчицы, секретарши до любовницы, подруги и т.д. Ты когда-нибудь задумывалась о том, сколько ролей ты исполняешь в своей жизни?

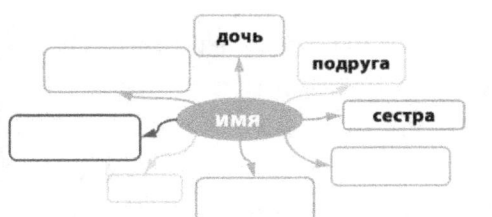

Подумай на эту тему серьезно. Используй для этого методику «ментальные карты»: возьми чистый лист бумаги А4, напиши в центре листка свое имя и запиши вокруг него все свои роли, которые придут тебе на ум. Что у тебя получилось в результате?

_____

_____

Итак, какое количество ролей ты исполняешь? Если на листе написано меньше пяти ролей, повтори это упражнение. Поверь мне, ты в любом случае реализуешь больше пяти ролей! Напиши, как ты чувствуешь себя после осознания того, что ты являешься не только женщиной, мамой и супругой?

_____

_____

Очень важно, чтобы ты сделала вывод из этого упражнения. Этот вывод важен для твоего развития, личностного роста. Запиши его сюда:

_____

Роли женщины в сегодняшнем мире

У тебя возникли сложности с осознанием своих ролей? Такое встречается часто. Очень многие женщины не осознают, что уже давно живут в напряженном режиме «мультитаскинг», то есть выполняют несколько задач параллельно. Задач становится все больше, уровень их сложности повышается, а женщина, привыкшая «управляться со всем» стойко «тянет лямку», не осознавая этих процессов.

Давай посмотрим, о каких основных женских ролях идет речь. В семейной системе женщина исполняет роль дочери, то есть является ребенком. Тем самым она является «зеркалом» родителей, по воле которых может исполнять дополнительные роли. Например, некоторые отцы видят своих дочерей в роли принцесс. Эти дочери получают от отцов много любви и восхищения. У них с детства формируется чувство своей уникальности. И это очень здорово и ценно для развития их самооценки. Важно при этом, чтобы такие дочери по мере взросления попробовали себя и в других ролях. И чтобы родители, показав таким дочерям, где границы «вседозволенности принцессы», научили их формулировать собственные цели и стремиться к их достижению. Какие еще роли возможны в семейной системе? Роли сестры, племянницы, внучки, тети...

Самая, пожалуй, распространенная и, тем самым, основная роль женщины на сегодняшний день — это роль спутницы жизни или жены. Поэтому восприятие женщиной себя в этой роли очень сильно влияет не только на ее спутника жизни или мужа, но также и на соседей, друзей, близких и знакомых.

При этом очень важно, чтобы женщина осознавала, что ее роль жены имеет несколько «подролей». То есть является главной ролью, которая дробится на более мелкие, но отнюдь не менее важные роли. Например, современная жена очень часто исполняет роль семейного менеджера. То, что она не придает этому большой важности, в совокупности ведет к тому, что в нашем обществе эта роль остается практически незамеченной и однозначно недооцененной.

И смех, и грех! Ведь если мы проведем параллели между семьей и коммерческой фирмой, то тут же увидим, какие чудеса творит женщина на своем семейном предприятии буквально каждый день. В роли заведующего объектом она постоянно следит за чистотой и порядком в доме. В роли заведующей обеспечением продовольствием и менеджером питания женщина наполняет холодильник и готовит вкусную еду для всех членов семьи. В роли медиатора, посредника мира, она устанавливает хорошие отношения даже с неприятными соседями. Как доверенное лицо она заботится о том, чтобы вовремя была подана декларация о доходах, в которой, кстати, не значится ее зарплата за все то, что она делает. Да и зачем? Женщина же работает безвозмездно, «на общественных началах». Все на благо семьи!

Особенно много наваливается на женщину, когда она становится мамой. А ведь роль мамы — пожизненная. Что это очень непростая роль, подтвердят все мамы без исключения. И, тем не менее, многие из них в считанные секунды забывают, какой объем работы они ежедневно выполняют, как только они видят улыбку своего малыша. Перечислим только самое основное: сиделка, воспитательница, медсестра, вдохновительница, учительница… Плюс все те старания, с помощью которых мама помогает своему ребенку определиться с выбором профессии и образования.

Прибавьте ко всему этому еще и роль любовницы. И те женщины, которые не справляются с ней параллельно своей круглосуточной смене в роли мамы, рискуют остаться в одиночестве. Их горячо любимая духовная половинка, от которой они произвели на свет чудо-малыша, хладнокровно хлопает в один прекрасный момент дверью и оставляет их в роли матери-одиночки. А уж эту роль сознательно не планировала ни одна женщина!

И это мы еще не добрались до роли женщины в профессиональном мире! Я лично считаю исполнение этой роли необходимостью. Особенно ввиду того, что от «увольнения» женщины с поста руководящей семейным предприятием, не застрахован никто. В случае развода женщине очень понадобится ее трудовая книжка. И в этой книжке, к сожалению, пока не фиксируется опыт работы семейным менеджером. Вывод напрашивается сам...

И все же... не все так плохо, и на горизонте медленно, но верно видны позитивные изменения в этом направлении. Поэтому крайне важно, чтобы ты, как женщина, осознала, сколько всего замечательного ты привносишь в мир своей деятельностью, насколько ты ценна и незаменима для твоей семьи, окружающих и коллег и стала больше ценить себя. Если каждая из нас, женщин, станет больше уважать и ценить себя, мир начнет платить нам той же монетой.

Как выглядел бы мир без женщин?
Интересно, что как только звучит этот вопрос, именно женщины первыми начинают отмахиваться и стесняться говорить на эту тему. Они как будто стыдятся того, что им уделяют столько внимания. Тем не менее, этот вопрос очень важен и я приглашаю тебя ответить на него спонтанно. Запиши первые пришедшие в твою голову мысли на этот счет: Каким был бы мир без женщин?

_____

_____

Не правда ли, удивительно, как изменяется наше восприятие мира, как только мы направляем внимание на действительно важные для нас вещи? При этом ты не должна испытывать ложного стыда, отвечая на этот вопрос. Здорово будет, если тебе удастся ответить на этот вопрос с позиции наблюдателя. Таким образом ты сможешь получить честный ответ и выйти на более глубокий уровень осознаний.

А теперь сделай вывод из этого упражнения. Скажи, что ты вынесла из этого упражнения? Чему научил тебя твой ответ?

_____

Разница между мужчиной и женщиной

Вместе тесно, а врозь скучно. Такими или созвучными по смыслу фразами описывают мужчины свои сомнения в отношениях с женщинами. И в этом что-то есть! Потому что и мы, женщины, положа руку на сердце, также противоречиво относимся к мужчинам. И действуем в этом случае по одному из жизненных законов, согласно которому люди нуждаются друг в друге, в том числе и затем, чтобы облегчить себе жизнь. Вдвоем же выжить легче, чем поодиночке, не так ли? Различия между мужчинами и женщинами хорошо описаны в книге «Мужчины с Марса, женщины с Венеры». Если ты еще не читала эту книгу, то я от души советую тебе это сделать.

Итак, мы увидели, какие роли мы, женщины, исполняем в нашей жизни и познакомились с этими ролями поближе. А теперь я хочу предложить тебе подумать в том же ключе о мужчинах, об их месте в твоей жизни.

Чем, по-твоему, отличаются мужчины и женщины? В каких жизненных областях мужчины являются поддержкой и опорой для женщин? Что тебе нравится в мужчинах? Какие качества ты ценишь в них? Напиши спонтанно, какие мысли приходят тебе по этому поводу в голову. Не фильтруй и не оценивай эти мысли:

_____

_____

Теперь вычлени из написанного тобой три главных качества,

которые ты ценишь в мужчинах:

1. _____

2. _____

3 _____

Какой вывод ты сделала из этого упражнения?
_____

Кто такая *истинная, породистая женщина*?

Словосочетание *«породистая женщина»* ассоциируется у многих в первую очередь с яркими темпераментными киноактрисами. Перед внутренним взором сразу проплывают лица *Моники Беллуччи, Джины Лоллобриджиды, Софи Лорен* или *Мэрилин Монро*. Всех этих женщин объединяет одно: они зажигательные, темпераментные, страстные, невероятно красивые. Каждая обладает особенным, присущим только ей обаянием и ярко выраженной сексуальностью.

Должна ли современная женщина соответствовать масштабам женственности, утвержденными актрисами? Если мужчина характеризует тебя как «породистую», воспринимать это как комплимент или оскорбление? Что имеется в виду под выражением *«породистая женщина»*?

В процессе написания этой книги я часто сталкивалась с этими вопросами. Особенно часто эти вопросы мне задавали мужчины, подразумевающие под «породистой женщиной» «ангела на кухне и чертовку в постели». Я чувствовала их неуверенность в этом вопросе и решила опросить на эту тему разных мужчин и женщин, а также посмотреть, что пишут по этому поводу в интернете. В результате моих исследований и размышлений я пришла к следующему выводу:

Породистая женщина — это женщина, которая всегда и везде ощущает себя истинной женщиной. Это женщина, которая живет жизнью женщины и душой, и телом. Она полностью довольна своим телом, независимо от того, насколько пышны его формы. Она пышет жаждой жизни. Люди, с которыми она встречается, видят в ней неиссякаемый источник жизненной энергии. Она носит одежду, которая ей идет. Она стильная и элегантная и умело преподносит свои внешние достоинства, не скатываясь в пошлость. Ее обаятельная мудрость позволяет ей быть на высоте в любом обществе. Она четко знает, чего она хочет и действует твердо, но при этом гибко и осмотрительно.

Породистая женщина прекрасно знает, как очаровать мужчину и легко пользуется этим умением, когда ей этого хочется. При этом она всегда ведет себя с достоинством. Она не пойдет, к сожалению многих мужчин, в постель с первым встречным, не даст себя «охмурить». Породистая женщина очень и очень разборчива. И одновременно терпелива. Она хочет быть завоеванной мужчиной. Она очень романтична. Поскольку она знает, что она необычная и желанная женщина, она имеет дело только с теми мужчинами, которые ее ценят, уважают и относятся к ней внимательно.

И у нее есть на это право, потому что породистая женщина — страстная, любит испытывать удовольствие и очень активная по жизни. Своему избраннику она платит той же монетой: она уважает его и одаривает его вниманием. Кроме того, эта женщина твердо стоит на ногах, уверенна в себе, общительна, успешна в карьере и прекрасно ориентируется в мужском мире бизнеса. Ее любят и ценят как мужчины, так и женщины, и она четко знает, чего хочет!

Породистая женщина называется породистой не из-за ее внешности, а из-за ее отношения к себе как к женщине. Именно

поэтому она является притягательной не только для мужчин, но и для женщин!

Как ты себя чувствуешь, читая это описание? Тебе нравятся такие женщины? Или они тебя отталкивают? Или ты чувствуешь себя неуверенно в их присутствии, потому что втайне сама хочешь стать такой женщиной, знающей, чего она хочет, и смело и легко идущей к этому?

_____

_____

Можешь ли ты, читая это описание, провести параллели с собой? Как ты думаешь, насколько процентов ты являешься *истинной, породистой женщиной*?

_____

У меня для тебя хорошая новость: **породистая женщина живет внутри тебя**! Да, да! Именно так! Ты — истинная, породистая женщина! Ты родилась женщиной, и каждая клеточка твоего тела содержит информацию о том, что ты — женщина. Ты — стопроцентная женщина по праву твоего рождения. И в тебе от рождения заложены все перечисленные качества *истинной, породистой женщины*. В течение жизни от тебя требуется только одно — проявить эти качества, вдохнуть жизнь в свою собственную, индивидуальную *породистую женщину*. Я говорю обо всех женщинах мира. Без исключения. Во всех нас есть *породистая женщина*!

Может быть, ты, читая эти строки, вздыхаешь: «Ну, хорошо, предположим, что породистая женщина действительно живет во мне. Тогда почему я не чувствую себя такой женщиной?! Что со мной не так?» Мы разберемся с этим в следующих главах книги. Ты найдешь ответы на свои вопросы.

А может быть, ты и не хочешь ассоциировать себя с породистой женщиной в той интерпретации, которую я предлагаю. Я понимаю тебя и предлагаю тебе тогда задуматься вот над чем: так или иначе, ты рождена женщиной, в тебе заложены женские гены, и ты являешься женщиной, хочешь ты этого или нет. Ты можешь продолжать отрицать эти факты и не жить жизнью женщины. Но все равно женская сущность на протяжении всей твоей жизни будет частью тебя.

Разумеется, только от тебя зависит, какие ресурсы из тех, что вселенная положила при рождении в твой личный рюкзак, ты достанешь в процессе жизни и используешь себе во благо. Я могу сказать одно: Чем больше поддержки ты примешь из мира, тем легче тебе будет это сделать. И конечно, к этому необходимо прибавить, что чем реже используются те или иные качества, тем меньше возможностей у них развиваться. Это как с мышцами. Если их не тренировать постоянно, они, конечно, начнут атрофироваться, но при этом никуда не исчезнут! Они просто будут маленькими и слабыми и будут с нетерпением ждать того часа, когда смогут сослужить хорошую службу. Конечно, вначале будет нелегко, но регулярные бережные тренировки помогут разбудить твою спящую женственность и сделать твою жизнь лучше и ярче.

ВЫВОД

Каков твой вывод?

_____

На проявление женственности наложено табу?

Женственность является во многих культурах товарным знаком. Например, в Японии гейши и по сей день считаются символом женственности. В нашей западной культуре о женственности много говорят и пишут. На эту тему публикуется большое количество книг. **Но что, собственно, означает женственность?**

Многие опрошенные мною люди видят женственность в первую

очередь в ее внешнем проявлении. Туфли на каблуках, красная помада и пышная грива — такое описание проявления женственности дали мне мужчины. Женщины согласились с тем, что на то, как женщина одевается влияет ее восприятие себя как женщины, но при этом подчеркнули, что главный критерий проявления женственности — это ее особые женские качества и проявление ее эмоциональности. Ее способность испытывать всю гамму чувств и ощущений, которой одаривают ее события, происходящие с ней в течение дня. Интересное наблюдение! На этом аспекте проявления женственности я хочу остановиться подробнее.

О каких качествах и чувствах идет речь? Однозначно речь идет о доверии как одном из самых важных женских качеств и могучих чувств. Оно базируется на знании и ощущении, что все идет, как надо и будет хорошо, что бы ни произошло. Я называю это *исконным доверием*. Исконное доверие помогает женщине проявлять материнскую заботу. При этом чтобы проявлять материнскую заботу, женщине не обязательно быть матерью. Заботливая любовь, которую женщина может проявлять благодаря наличию исконного доверия окружает ее любвеобильной аурой, притягательной для людей и животных.

Женщины обладают мудростью, которая досталась нам по наследству от наших предков по женской линии. Это замечательный и очень ценный дар. Это подарок, за который я очень благодарна моим предкам. И это великая сила, когда о ней знаешь и осознаешь ее.

Женщины, впрочем, как и мужчины, обладают интуицией, доступ к которой открывает тело. Благодаря традиционно более развитой чувствительности женского тела женщины лучше способны воспринимать сигналы интуиции. Обладая исконным доверием и современными знаниями об устройстве нашего мира женщины являются воистину удивительными, волшебными созданиями. К сожалению, женщины западного мира в последние столетия не переусердствовали в тренировке этих замечательных качеств. К счастью, это можно в любой момент наверстать.

Женственность уходит корнями в природу, где она чувствует себя как дома и наполняется энергией. Поэтому для нас, женщин, важно быть в контакте с «матерью природой», с «матушкой землей». Это очень глубоко сидящая в нас потребность, которую мы должны удовлетворять регулярно.

Еще одно проявление женственности — это желание проявлять свою индивидуальность. Мы проявляем индивидуальность, проявляя наши эмоции в форме креативных, творческих действий. Танцы, пение, игра на музыкальных инструментах, рисование и т.п. — все это нам чрезвычайно необходимо. Сюда же относится и секс. В любой из этих деятельностей мы проявляем нашу женственность. Просто одни из нас это делают сильнее, другие — слабее.

Как ты относишься к своей женственности?
Каждая женщина выражает свою женственность по-своему. И каждая по-своему относится к этому выражению. Одни женщины любят свою женственность и выражают ее с удовольствием, другие — бегут от нее как черт от ладана и стараются не проявлять ее.

К какому типу женщин принадлежишь ты? Спроси себя об этом и напиши, в какой форме ты проявляешь свою женственность. Подумай об этом в спокойной обстановке. Выдели себе время на это. Если в начале тебе ничего не придет в голову, не огорчайся и не ругай себя. Просто переспрашивай себя время от времени, и ответы начнут приходить сами. Чем чаще ты будешь задавать себе вопросы, тем больше ответов ты получишь на них.

Подумай, как ты можешь еще больше проявлять себя как женщина? В какой форме?

_____

_____

Какие действия ты намерена предпринять, чтобы с этого момента сильнее ощущать себя женщиной и чаще проявлять свою женственность?

1. _____

2. _____

3. _____

Что ты осознала по поводу своей женственности?

ВЫВОД

_____

_____

Пять главных тезисов и осознаний, которые ты вынесла из этой главы:

Желаешь получить удовольствие?

На тему желаний и удовольствий говорят много. Интернет полон рассуждений, споров и советов на эту тему. Особенно в сексуальном контексте. Я хочу поговорить на тему желаний в целом. И показать, насколько важны в нашей жизни желания и удовольствия.

Эпикур и его теория удовольствия

В связи с этой темой я просто не могу не представить тебе Эпикура, античного философа, вошедшего в историю как автора теории наслаждения. Уже тогда эта тема была спорной, и Эпикура обозвали сластолюбцем, превратно поняв, что его теория посвящена исключительно сексу. Несправедливо, так как Эпикур в первую очередь исследовал природу и ее законы в качестве базы для своей легендарной этики, учения об обществе и человеке.

Эпикур указал на два жизненных принципа — удовольствие и боль — и проследил любопытные взаимозависимости. С одной стороны человек стремится получить удовольствие, а с другой — избежать боли. При этом испытав и преодолев несильную боль, человек может ярче прочувствовать удовольствие. Эпикур имел в виду не техники БДСМ, а такие испытания как голодание, жажду, страх и т.п.

Мы можем увидеть, как эти принципы работают и по сей день. Например, наблюдая за тем, как человек, ставя себе цель, которую непременно хочет достигнуть, согласен пойти ради ее достижения на некоторые лишения. Любой спортсмен подтвердит это. Балерина забывает о мозолях на ногах, когда делает восхитительный пируэт. Женщина забывает мучительные часы родов, как только берет на руки родившегося малыша.

Как только человек достигает своей цели, он забывает прожитую боль и испытывает исключительно радость и наслаждение. Так произойдет и со мной. Как только эта книга выйдет в свет, я забуду все пережитые испытания в процессе ее написания, и испытаю чистый восторг, что в свою очередь положит начало новым проектам. И все снова вернется на круги своя…

Но не только во времена античности, но и позже многочисленные писатели, ученые и люди искусства посвящали себя исследованию темы удовольствия. Их мы благодарим за различные поговорки и пословицы, прочно вошедшие в наш обиход и объединенные одной общей мыслью:
Желание получить удовольствие — нечто особенное и уникальное.

Не всякое желание является желанием получить удовольствие

Хочешь заняться… Как правило, мы в считанные секунды достраиваем эту фразу стандартным образом. Прибавляя исключительно одно слово на букву «с». Но возможны ведь и такие варианты: «Хочешь заняться вязанием?», «Хочешь заняться рисованием?», «Хочешь заняться пением, музыкой?». А также и такие: «Не хочешь ли ты заняться делом?!». Я хочу заострить внимание на том, что наши желания и «хотения» не всегда связаны только с желанием получить удовольствие в широком смысле этого слова.

О наших сексуальных желаниях я буду говорить дальше в главе «Реализуешься ли ты в сексе?». А пока шутки в сторону — интересно, что, оказывается, не всякое желание является желанием получить удовольствие. Хотя на первый взгляд оно может таким казаться.

Потому что за некоторыми желаниями стоят базовые потребности.

Произнося фразу *«Я чувствую, что хочу прогуляться в лесу»*, человек чаще всего констатирует факт, что его тело мечтает отдохнуть на природе, подзарядиться энергией. Это желание возникает у него потому, что он давно не отдыхал. А значит, это желание является выражением его потребности в отдыхе. Следовательно, существуют не только желания получить удовольствие, но и упакованные в слова «желания» нереализованные элементарные потребности организма. Важно чувствовать эту существенную разницу, потому что от этого зависит наше самочувствие и здоровье, физическое и психическое. Ведь только удовлетворив наши базовые потребности, мы будем реально в состоянии испытывать удовольствие. То есть только после того, как человек прогуляется по лесу без телефона и т.п. и напитается необходимой энергией, залатав свои «дыры в энергетическом поле», у него появятся ресурсы для получения реального наслаждения едой, музыкой, общением и т.д.

Мы, люди, как женщины, так и мужчины, вертясь как белки в колесе каждодневных обязанностей, почти разучились чувствовать себя. В чем мы нуждаемся и чего мы хотим. Мы перекладываем ответственность за нашу жизнь на технику и перестаем слушать наш внутренний голос, который, вообще-то, в каждый момент нашей жизни абсолютно точно знает, что хорошо для нашего тела, души и разума.

Особенно больно осознавать это нам, женщинам. Ведь мы от природы имеем более развитую интуицию и, по идее, должны слышать внутренний голос, готовый в любую секунду вести нас по жизни с любовью. Должны. Но не слышим! Вместо этого мы слышим и слушаем телевизор, интернет, голоса людей в нашем окружении, на форумах и в социальных сетях. И позволяем отвлекать нас от необходимого — от слов собственного внутреннего голоса, информирующего нас о том, что наши базовые внутренние потребности, возможно, где-то не удовлетворяются в полной мере. В результате того, что мы вовремя не получаем нужной информации и не предпринимаем необходимых действий, мы получаем образно выражаясь «дыру в нашем энергетическом поле» и перестаем испытывать истинное наслаждение от пищи, музыки, общения и т.д.

А как ты относишься к желаниям и удовольствию?

Пришло время подумать о том, как лично ты относишься к желаниям и получению удовольствия. Давай посмотрим.

Спроси себя спонтанно: Чего ты сейчас хочешь? Откинься на спинку кресла, закрой глаза, отвлекись от внешних раздражителей и прочувствуй свое тело. Прислушайся к своему внутреннему голосу. Что он тебе шепчет? Чего бы ты хотела сейчас больше всего? Напиши, что это.

_____

Как прошло упражнение? Легко ли тебе было почувствовать свое тело и понять, чего оно хочет? Смогла ли ты сразу найти слова для обозначения своих желаний?

СОВЕТ

Способность чувствовать и четко облекать свои потребности и желания в слова очень важна. Наш внутренний голос знает о нас все и постоянно рассказывает нам о том, что нам нужно делать, чтобы чувствовать себя комфортно. Чем хуже мы чувствуем свое тело и меньше обращаем внимание на этот голос, тем больше возможностей мы упускаем испытать те самые удовольствие, которые лежат в основе здорового самочувствия и ощущения себя счастливым человеком.

Если у тебя были трудности с предыдущим упражнением, значит эта способность у тебя не очень сильно развита. Хорошая новость: Ты можешь ее натренировать. Делай это упражнение каждый день. Спрашивай свой внутренний голос, чего бы ты хотела в данный момент. Вместо того чтобы по привычке на автомате спешить к холодильнику и доставать оттуда первое, что попадется тебе под руку, осознанно спрашивай себя: **А чего я хочу сейчас на самом деле?**

Чем чаще ты будешь разговаривать со своим внутренним голосом, тем больше ты будешь в контакте со своим телом и сможешь быстрее распознавать его потребности и удовлетворять их. Это, в свою очередь, автоматически будет вести к улучшению твоего здоровья и самочувствия. И, в конечном итоге, к ощущению себя счастливой женщиной.

Что ты осознала по поводу своих желаний и способностей испытывать удовольствие? Какой твой вывод?
Какие твои следующие шаги?

_____

Ничего не хочется? Что делать?

Или ты принадлежишь к тому типу женщин, которые не особо испытывают желания и не умеют получать удовольствие? Которые точно не знают, чего они хотят? Которые находятся в слабом контакте со своим телом и поэтому испытывают сложности с определением своих потребностей и желаний? У тебя совсем не получилось выполнить предыдущее упражнение, потому что ты ничего не чувствовала?

Успокойся. Ты такая не одна. Многие люди не знают своих потребностей и желаний. Они просто не могут их распознать, так как разучились чувствовать свое тело. Поэтому, например, так много людей едят гораздо больше, чем им на самом деле требуется. Вместо того чтобы наслаждаться едой, они скатываются к чревоугодничеству.

На самом деле это очень частый феномен в наше время. И когда люди не чувствуют свои собственные потребности и желания, они сильно подвержены влиянию извне. Вместо того чтобы решать за себя, чего они хотят, они позволяют это делать другим людям. Например, рекламщикам и маркетологам, которые нам круглые сутки рассказывают по радио, телевизору, интернету и другим информационным каналам, чего мы должны хотеть. Когда мы в контакте только со своим умом, но не с телом, мы легко поддаемся на эти внушения и делаем то, в чем наше тело абсолютно не нуждается или что для него вредно.

Эта карусель начинается с утра, когда ты проезжаешь мимо рекламного щита и заканчивается вечером перед телевизором, где нам показывают рекламу вкусных шоколадных конфет. По статистике семь из десяти зрителей в это время на автопилоте отправляются в кухню за «чем-нибудь вкусненьким», несмотря на то, что в их животе еще не успел перевариться ужин.

Вопрос в том, как перестать принимать участие в этих «крысиных бегах». Хорошая новость заключается в том, что с осознанием этого ты уже сделала шаги в правильном направлении. Можно сказать, что ты находишься на половине пути. Теперь тебе предстоит пройти еще половину, то есть начать противостоять соблазнам. Для этого переспрашивай себя каждый раз, когда ты, например, собираешься, съесть шоколадку, действительно ли ты ее сейчас хочешь.

Тренируйся слушать себя, выявлять свои собственные потребности и тем самым противостоять влиянию манипуляторов извне.

Мы, женщины, особенно подвержены внушению извне, потому что берем на себя слишком много обязанностей, планируем наш день поминутно, не оставляя в календаре ни минутки времени для себя. Времени, чтобы отдышаться, прийти в себя, войти в контакт со своим телом, послушать свою интуицию и удовлетворить свои потребности.

Начни прямо сегодня планировать каждый день 5-10 минут исключительно для себя. Это время ты будешь посвящать общению со своим телом. Уже этот шаг — первый шаг на пути к свободе принимать собственные решения относительно твоих потребностей и желаний.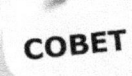

Спрашивай себя каждый день перед отходом ко сну, насколько тебе удается распознавать и удовлетворять твои собственные потребности и желания, слышать свой внутренний голос. Еще лучше, если ты будешь записывать ответы на эти вопросы в свой «дневник счастья» и таким образом видеть прогресс. Это важно! Таким образом, ты будешь видеть, что ты развиваешься. Чем чаще ты будешь делать это упражнение, тем легче у тебя будет получаться входить в контакт со своей интуицией.

Запиши три действия, с помощью которых ты сразу начнешь ежедневно практиковать это упражнение.

1. _____

2. _____

3. _____

Ты умничка!

Пять главных тезисов и осознаний, которые я вынесла из этой главы:

Путь к счастью в личных отношениях

В человеке есть инстинкты стадного животного. Одиночеству он предпочитает общество других людей. Буквально в каждом уголке земного шара, как в городской, так и в сельской местности люди селятся чаще группами, нежели поодиночке. И если какой-то человек все-таки живет на отшибе, то это редко является следствием негативного опыта его жизни в коллективе.

Кроме того, в человеке заложено желание найти «свою вторую половинку». Мужчины, как правило, тайно или явно мечтают встретить «женщину своей мечты», а женщины соответственно - «мужчину своей мечты». В идеале — для создания гармоничных партнерских отношений. Многие люди даже полагают, что они станут счастливыми только тогда, когда они начнут отношения с подходящей партнершей или партнером. Может быть, и ты так думаешь?

В какой фазе ты находишься сейчас?

В какой ситуации ты находишься сейчас? Живешь ли ты в гармоничных счастливых отношениях или ты пока одна? Если ты живешь одна, то это потому, что пока не получается жить в партнерстве или ты ведешь такой образ жизни из принципа? Очень важно, чтобы ты ответила себе на этот вопрос предельно честно. Потому что, например, разочарованная мать-одиночка, находящая после несчастливого брака в разводе, может, отвечая на этот вопрос, вдруг поймать себя на мысли, что все-таки ищет «мужчину мечты». Хотя до этого ей казалось, что она позволяет себе лишь изредка ходить на дискотеки исключительно для того, чтобы отвлечься от рабочих и домашних обязанностей и повеселиться с подружками. Поэтому я приглашаю тебя точно обозначить ситуацию, в которой ты сейчас находишься:

_____

_____

При этом, пожалуйста, имей в виду, что речь сейчас идет не об оценке и тем более не об осуждении твоей ситуации. Не существует «правильно» и «неправильно». Единственное, что важно в любой ситуации — это твои ощущения, твое эмоциональное состояние. Поэтому спроси себя:

Ты счастлива в этой ситуации? Ты чувствуешь себя одинокой? Тебе чего-то не хватает? Если не хватает, то чего именно? Прочувствуй свое тело и задай эти вопросы своему внутреннему голосу. Что он ответил тебе?

_____

Мы редко останавливаемся и прислушиваемся к себе. Но это не означает, что наше тело, душа и разум не общаются с нами. Вопрос в том, слышим ли мы их голос, их послания. Это упражнение приглашает тебя прислушаться к ним. Потому что они дают тебе информацию, важную для твоего самочувствия и благополучия.

Поэтому подумай: Какой твой вывод из этого упражнения? Чего именно ты хочешь? Чему ты научилась?

_____

Куда ведет твой путь?

Мы, люди, как женщины, так и мужчины, предпочитаем все время куда-то бежать, не задумываясь, куда, собственно, мы бежим. Чего мы хотим от нашей жизни? Как мы хотим ее прожить? Парадоксально, что редко кто из нас планирует свою жизнь так же четко, как предстоящий отпуск.

Поэтому задай себе сейчас очень важный вопрос:

Чего ты хочешь от жизни? Куда она должна тебя привести?

Если ты встаешь к штурвалу корабля своей жизни, тебе должна быть ясна цель путешествия. Ведь ты не можешь просто прокричать в рупор «полный вперед», не сказав своей команде, куда плыть. На юг? На север? На запад? На восток? Куда??? Ответ на этот вопрос важен для того, чтобы задать маршрут и сдвинуться с места.

Каждому из нас отмерено определенное количество жизненного времени. Желательно это время использовать по максимуму. Поэтому очень важно знать, чего ты хочешь достичь в жизни. Потому что на самом деле происходит следующим образом. Если ты в жизни хочешь достичь того-то и того-то, а занимаешься чем-то совсем не ведущим к достижению твоей цели, это означает, образно говоря, что ты хочешь на юг, а плывешь на север. Ну, и что из того, что дальше, спросишь ты. А вот что: Если ты плывешь на север, то твое желание попасть на юг при этом не просто не пропадает, а становится все сильнее и сильнее. Дальше сделай вывод сама... Поэтому спроси себя:

Чего я хочу достичь в жизни? К чему я стремлюсь?

_____

Тебе ничего не пришло в голову? У тебя нет ответа на эти вопросы? Не волнуйся. Мы подробнее поговорим об этом в следующих главах.

Я — первая буква в алфавите…

Может быть, ты принадлежишь к той категории женщин, которые по жизни считают себя «последней буквой в алфавите»? И в очереди ты постоянно пропускаешь всех вперед, на самом деле ужасно стесняясь, что когда-нибудь очередь дойдет и до тебя? «Да нет, я могу подождать, у меня есть время», - говоришь ты и пропускаешь вперед своего спутника жизни, мужа, детей, родителей и даже своих коллег по работе?! Ты делаешь это, несмотря на то, что в глубине души желаешь быть «в первых рядах»? Ты думаешь, что это твой (материнский) инстинкт тормозит тебя и даже связывает порою по рукам и ногам? Все может быть. Тем не менее, в результате в проигрыше оказываешься именно ТЫ, потому что твое окружение быстро привыкает к твоему такому поведению.

Ты скажешь, что эта твоя обязанность как матери заботиться о детях в первую очередь. Я согласна с тобой на все сто процентов, что ты, как мать, несешь ответственность за своих детей. Но это не означает, что ты при этом должна вести себя как крепостная.

Выделяй себе время для себя!
Позволь себе проводить время вне семьи. Первым шагом к этому станет твое твердое решение сделать это. Затем ты попросишь твоих близких поддержать тебя. Поверь мне, это реально. Это просто вопрос коммуникации и организации. И ты увидишь: Этот один-единственный час в день вершит чудеса, он будет заряжать тебя невероятной энергией.

Что бы ты делала, если бы у тебя был каждый день один час времени на себя?

_____

Звучит соблазнительно, не так ли? Тогда начни прямо сегодня уделять себе один час в день на себя! Это зависит только от тебя и твоего решения.

_____

Разрешите представить: Мужчина моей мечты...
Нередко я слышу, как женщины жалуются: «Где же мужчина моей мечты?» При этом они затрудняются описать, каким должен быть этот мужчина. Какими качествами он должен

обладать? Вот именно! Какими? Здесь, так же как и с целями в жизни: если ты знаешь, куда ты хочешь идти, ты можешь выбирать маршрут.

СОВЕТ Поэтому давай выясним, каким ты видишь мужчину твоей мечты? Я приглашаю тебя записать твои самые смелые фантазии. Забудь все правила и масштабы! Ведь это ТВОЙ идеальный мужчина. Как он должен выглядеть? Какими качествами характера обладать? Кем он работает? Есть ли у него дети? Сколько ему лет? Он разведен? Где он живет? Какое у него прошлое? У него есть деньги? Он успешен? Какие у него хобби и пристрастия? Он любит готовить? Он верен? Он любвеобилен? И т.д.

Сделай это описание как можно более подробным и тем самым буквально создай мужчину своей мечты. Возьми для этого лист А4, и поехали:

_____

_____

Когда я в первый раз задумалась на тему мужчины моей мечты, у меня ушло на его описание три недели. Я писала и переписывала так долго, пока в итоге не получила финальную версию, которой была полностью довольна. Выдели и ты себе на это время. Не торопи себя. Подумай хорошенько, какого именно мужчину ты хочешь видеть рядом с тобой. В конце концов, это мужчина именно ТВОЕЙ мечты, и только тебе решать, каким ему быть.

Обрати внимание: Будь внимательна, кого и чего ты себе желаешь. Как можно точнее сформулируй, какие качества характера и факты биографии тебе важны в мужчине твоей мечты. Если ты хочешь подробнее заняться этой темой, я от души рекомендую тебе мою книгу «*Хочешь... мужчину твоей мечты?*»

Единственный мужчина на всю жизнь...

Предположим, ты уже много лет находишься в отношениях. Спроси себя: Реализуешься ли ты рядом с этим мужчиной по полной программе? Соответствует ли он описанию мужчины твоей мечты? Ты его любишь? Хочешь ли ты быть вместе с ним до конца твоих дней?

Если это так, я тебя поздравляю! Это поистине окрыляющее чувство — знать, что рядом с тобой находится твоя вторая половинка. Если ты, как впрочем, многие женщины, сразу или после некоторых колебаний ответишь на этот вопрос «нет», то я уточню. Одно дело любить своего партнера, другое дело — хотеть оставаться с ним до конца своей жизни. Это, действительно, разные вещи, и я приглашаю тебя прочувствовать эту разницу. Что я имею в виду?

Многие женщины остаются в отношениях, когда те себя изживают, потому что привыкли друг к другу, потому что им не хочется что-то менять или из-за детей. В общем-то, неважно, по каким причинам ты сейчас вместе со своим партнером. Главное — чтобы ты хотела оставаться с ним до конца твоих дней. Поэтому забудь на миг все приличия и ответь себе честно на этот вопрос.

Можешь сделать следующее упражнение. Возьми свой возраст. В моем случае это 49 лет. Исследования показывают, что средняя продолжительность жизни женщин там, где я живу — 84 года, мужчин — 79 лет. Таким образом, мне по статистике осталось жить 35 лет. А это 12740 дней. Двенадцать тысяч семьсот сорок дней!

И эта цифра неумолимо уменьшается с каждым днем. Важно, чтобы ты это прочувствовала. Количество отведенных нам дней ограничено. И это неоспоримый факт. Мы получаем в подарок и жизнь, и смерть одновременно. Но в нашем западном мире на смерть часто накладывается табу. Об этом не принято говорить, и мы предпочитаем не думать об этом. Поставь себя перед фактом. Посмотри, сколько тебе осталось жить согласно статистике.

По статистике мне осталось жить _____

Как ты себя чувствуешь, смотря на эту цифру? Не кажется ли тебе эта цифра малюсенькой? Осознаешь ли ты ценность каждого дня твоей жизни? Поэтому так важно проживать каждый день по максимуму.

А теперь спроси себя: Хочешь ли ты провести оставшиеся дни твоей жизни (… дней) в отношениях именно с этим человеком?

_____

вывод

По каким причинам ты в отношениях со своим партнером
Этим дерзким вопросом я хочу побудить тебя быть честной с самой собой. Ведь на кону стоит нечто очень важное. А именно — **твоя жизнь**!

Поэтому задай себе следующие вопросы: Почему ты в отношениях именно с этим человеком? Какие для этого есть причины? Любовь? Привычка? Дети? Ты боишься причинить боль своему окружению? Ты боишься остаться одна? Ты боишься не встретить лучшего мужчину? Ты боишься, что станешь никому не нужна?

_____

_____

Будь честна и открыта с собой! Не притворяйся перед собой, скажи правду, признайся себе. Даже если это очень больно. Этот шаг имеет решающее значение для тебя и твоего будущего!

Лучше жить одной, нежели коротать дни в «одиночестве вдвоем»

В нашем западном мире жить одной — не очень привлекательный образ жизни. Редко кто стремится к этому, скорее это вынужденная форма существования. Такое восприятие основывается на том, что мы не привыкли проводить время в одиночестве. Тогда как в других культурах это может быть совершенно по-другому. Например, у индейцев существуют ритуалы одиночества, и одиночество воспринимается как ценный подарок, как время подумать о себе и извлечь жизненные уроки.

Время, которое мы проводим в одиночестве, может на самом деле стать чрезвычайно ценным, если использовать его себе во благо. Оно может дать заряд бодрости, свежие идеи и энергию на их реализацию. И это — не секрет. Тем не менее, почему же тогда очень многие женщины предпочитают оставаться в не делающих их счастливыми отношениях, вместо того, чтобы закончить их и воспользоваться одиночеством как фазой для согласования своего внутреннего компаса с реальностью. Из-за детей, из-за окружения, из-за страха «что скажут люди» или просто, потому, что бояться остаться одни.

Я много раз жила одна. Я много путешествовала одна. И при этом вокруг меня всегда находились интересные люди и замечательные попутчики. Прелесть этого положения в том, что у тебя есть неисчислимое количество шансов пережить что-то новое, интересное, неизведанное. Путешествие в одиночку автоматически делает тебя бдительнее, внимательнее к твоему окружению, располагает к творчеству и в целом делает тебя более счастливой. Кроме того, оно является еще и путешествием к себе, потому что у тебя есть в таком случае много времени подумать о себе и своей жизни.

 Вопрос в том, какая чаша весов перевесит — твой страх одиночества или представление о том, кого ты можешь встретить, если оставишь тупиковые отношения и

позволишь себе какое-то время пожить одной. Новая ситуация изменит твои перспективы и твое мировоззрение. Тебе откроются глаза на то, чего ты сейчас пока не можешь видеть из-за тяжести в душе от ситуации, в которой ты находишься, от мыслей, которыми себя обременяешь.

_____

_____

В жизни за все нужно платить! Выражаясь словами Эпикура: За удовольствие нужно заплатить страданием и болью. Также обстоят дела и с «жизнью твоей мечты». Чтобы дойти до нее, тебе придется пройти через определенное количество препятствий.

В любовном треугольнике третий — лишний
Я знакома со многими женщинами, находящимися в любовных треугольниках. Роль второй скрипки — очень неблагодарная роль. Постоянно вести внутреннюю борьбу с обуреваемыми противоречивыми чувствами, скрывать это, нередко даже от себя, психически также тяжело, как для воздушных гимнастов находиться под куполом цирка 24 часа в сутки.

При всем при этом надо признать, что и у жизни в любовном треугольнике есть свои преимущества. Любовник всегда появляется у любовницы в приподнятом настроении, балует ее и общается с ней честно и открыто. Жена, как правило, не знает о существовании любовницы. Хотя... нередко любовница является «другом семьи» и присутствует на семейных торжествах, чем опять-таки отравляет себе радость жизни.

Если ты находишься в любовном треугольнике, то спроси себя, какие причины привели тебя туда? Почему ты выбрала для себя именно эту форму отношений? Откровенный вопрос? Как ты себя чувствуешь, находясь в таких отношениях? Какая у тебя мотивация? Как долго ты намерена терпеть эту ситуацию? Соответствует ли твой любовник прописанному тобой портрету «мужчины твоей мечты»?

_____

_____

Пожалуйста, будь честна с самой собой. Неважно, что о тебе думают другие. Если ты счастлива в таких отношениях, это твое право. Но я все-таки призываю тебя спросить свое сердце, согласно ли оно провести всю оставшуюся жизнь в такой ситуации?

Ты готова жить так, как ты сейчас живешь, оставшиеся тебе …. дней?

_____

Домашние животные в качестве «мужчинозаменителей»

Многие женщины имеют домашних животных. Одинокие женщины часто скрашивают таким образом свое одиночество.

Конечно, это здорово — иметь собаку, которая с восторгом встречает тебя в дверях всякий раз, когда ты возвращаешься с работы. Независимо от того, в каком виде и настроении ты это делаешь. Положа руку на сердце — стал бы себя также вести твой реальный партнер? Кроме того от собаки, например, есть дополнительная польза в том, что она без зазрения совести кидается обнюхивать проходящих мужчин и тем самым может расположить к знакомству. Ведь, разумеется, мужчина мечты любительницы собак просто обожает собак. И если собака и мужчина «снюхались», то все будет хорошо.

При таком раскладе просто имей в виду, что домашние животные не должны становится заменой партнера. Любовь к твоим животным — нечто иное, нежели любовь к твоему избраннику. Нередко женщины позволяют песикам спать в их постели, и, не успеешь оглянуться, как на мужской половине кровати уже спит ротвейлер, а то и два. Если так пойдет дальше, хозяйка, в итоге, будет спать на полу.

Одинокие женщины любят не только собак, но и кошек. Хотя логично, что как собаки отличаются от кошек, так и любительницы собак отличаются от любительниц кошек. Собак нужно выгуливать, а кошки гуляют сами по себе. Кошки видят в своих хозяйках в первую очередь кормилиц и за это разрешают себя гладить и ласкать. В остальном коты и кошки предпочитают независимость. При этом те, которые живут в городе «одомашнены» больше, нежели те, что живут в деревне, где они могут гулять на улице и природе и гораздо реже появляются дома.

Вопрос в следующем: Зачем женщина заводит домашнее животное? Только из любви к животным? Или в качестве заменителя партнера? Или в качестве заменителя детей? Чтобы заполнить пустоту?

У тебя есть домашние животные? У тебя есть собака или кошка? Я приглашаю тебя поразмышлять, какими соображениями ты руководствовалась, заводя домашнее животное? Безусловно, ты любишь его — речь не об этом. Спроси себя о внутренних мотивах, побудивших тебя завести его. Что оно тебе компенсирует? Если у тебя нет домашнего животного, спроси себя, почему у тебя его нет?

_____

_____

Поведение нашего окружения является зеркалом нашего эмоционального состояния. В большинстве случаев мы этого не замечаем. Поэтому я предлагаю тебе интересное упражнение. Если у тебя есть домашнее животное, то опиши его внешность и характер. Оно маленькое или большое? Оно ласковое или суровое? Оно ведет себя в большинстве случаев самостоятельно или ходит за тобой по пятам? Почему ты выбрала именно это домашнее животное? Если у тебя нет домашнего животного, то представь себе чисто гипотетически, кого бы ты взяла с удовольствием, и также опиши его.

_____

_____

А теперь осознай, что твой домашний питомец — это тоже твое зеркало. Посмотри на написанное тобой. Можешь ли ты провести параллели? Есть ли у тебя те же черты характеры, что и у него? Что интересного может поведать описание твоего реального или фиктивного друга о тебе самой?

_____

_____

Возможно, ты переспросишь, как все-таки одно с другим связано. Сейчас покажу…

Свет мой зеркальце, скажи…

Параллели, которые мы видим в нашем окружении, очевидны и невероятны одновременно. **Это и есть закон резонанса!** Когда мы живем «здесь и сейчас» и тем самым внимательны к окружающему миру, мы получаем от него ответы на наши вопросы. Жаль, что мы разучились жить «здесь и сейчас» — как женщины, так и мужчины. Но никогда не поздно научиться этому снова!

Как же работает закон резонанса или, по-другому, «закон зеркала»? Давай проведем эксперимент: Посмотрись в зеркало. Что ты видишь? Твою красоту? Совершенную форму твоего лица? Тебя радует увиденное? Или ты видишь в первую очередь твои «изъяны» — большой нос, морщинки вокруг глаз, тонкие губы и т.п.? Ты расстроена? Стоп! Что происходит?! Почему ты начала себя оценивать?!

Зеркало не интерпретирует и не оценивает. Оно отображает все «как есть». Человек напротив может делать выбор — смотреть нейтрально или интерпретировать и оценивать свое «отражение» в окружающем мире.

Именно! Зеркало просто показывает тебе нейтральную картинку! Ты же узнала в зеркале себя? Задача зеркала — лишь отразить тебя «как есть». Ровно также происходит и с твоим окружением. Ты всматриваешься в лица окружающих и, если ты этого хочешь, то видишь в них отражение своего эмоционального состояния. Когда ты радостна, то вокруг тебя «все танцует», когда ты печалишься — «все плачет». Таким образом ты можешь учиться сознательно управлять своим эмоциональным состоянием и перестать неосознанно зависеть от эмоционального состояния окружающих.

Поэтому и говорят, что все зависит от перспективы восприятия, от точки зрения, имея в виду, что каждый человек в определенное время имеет право смотреть на себя и ситуации по-разному.

Итак, посмотрись в зеркало еще раз и опиши свое отражение. Какую женщину ты видишь в зеркале? Как она выглядит? Она улыбается? Она светится? Она счастлива?

_____

_____

Ты удивлена результатом эксперимента?
Твое описание — это то, что ты на самом деле о себе думаешь. Твоя интерпретация своего отражения в зеркале может поведать о том, какой ты себя видишь и какого ты о себе мнения. И, конечно, все зависит от того, в каком ты сейчас настроении. Настроение сильно влияет на твою интерпретацию своего

отражения. Ты обращаешься с собою с любовью? Смотря на себя в зеркало, ты глазами как будто ласково поглаживаешь себя или ты критикуешь себя, мысленно представляя себя на скамье подсудимых?

Можешь провести еще один интересный эксперимент. Пройдись по улице с улыбкой на лице. Одни прохожие будут удивленно смотреть на тебя и силиться вспомнить, не знакомы ли вы. А другие будут просто с тобой здороваться. Особенно дети и пожилые люди очень внимательны к таким сигналам и с удовольствием ответят на них. Не правда ли, замечательно, когда тебя на улице приветствуют незнакомые люди?

В общем, решать только тебе, как ты будешь отныне воспринимать свое отражение в зеркале. В слове «*воспринимать*» есть слово «*принимать*». Поэтому, как говориться, «делай правильные выводы»: Прими себя с благодарностью такой, какая ты есть.

Ты в полном порядке такая, какая ты есть, потому что ты замечательный, уникальный и удивительный человек!

ВЫВОД

Кто меня любит?

Мы, женщины, склонны искать подтверждения того, что мы любимы, у окружающих. Мы хотим получать любовь от своей семьи, родителей, братьев и сестер, партнеров. Проблема заключается в том, что мы не в силах повлиять на то, любят нас люди или нет. Любит ли мать свою дочь, решает мать, а не дочь. Признает ли отец свою дочь, решает опять-таки не дочь, а отец. Логично? Логично!

Но, несмотря на эту логику, мы руководствуемся по жизни

абсолютно нелогичными моделями поведения. Мы боремся за внимание наших родителей с рвением львиц, инвестируем кучу энергии в то, чтобы делами доказать им, что мы уникальны и чего-то стоим, и разочаровываемся, не получая от них признания.

Ту же самую модель поведения мы позже неосознанно переносим на наши отношения с партнером. Мы чувствуем себя ответственными за мир в семье. Но как часто мы переступаем через себя, пытаясь установить гармонию в отношениях?

Поэтому: Всегда помни, что ты как человек и как женщина не должна ни перед кем прогибаться и ни к кому приспосабливаться. Даже в отношении самых близких тебе людей. Ты должна принимать себя такой, какая ты есть. При этом важно, чтобы ты сама осознавала свою ценность и уникальность и осыпала себя любовью и вниманием. Не перепоручай это задание другим. Это твое и только твое задание! Потому что, делегируя его другим людям, ты тем самым даешь им возможность выполнять его по их усмотрению и в зависимости от их настроения. В «плохие дни» они могут «растоптать» тебя словом и делом, а ты этого не достойна, потому что ты уникальный человек с замечательными способностями и талантами. **Люби себя такой, какая ты есть.**

Повторяй себе каждый день, какая ты замечательная. Пиши в своем дневнике счастья, какая ты красивая, обаятельная и необычная. Ищи подтверждения этому в повседневной жизни, записывай их. Это важно, поскольку у нас традиционно сильно развито критическое мышление, которому постоянно нужны доказательства.

Каждый день находи в окружающем мире три подтверждения того, что ты любима. Помни, что твое окружение — твое зеркало, и оно показывает тебе, насколько ты себя любишь. Что ты видишь? Что ты осознаешь?

Тебе сегодня кто-нибудь улыбнулся? Сделал комплимент? Что ты слышала сегодня от окружающих? Записывай впечатления от приятных событий, вдохновляющих встреч. Чем чаще ты будешь это делать, тем больше ты будешь видеть, сколько замечательного происходит вокруг тебя. Что хорошего произошло с тобой сегодня?

_____

_____

В основе отношений с окружающими лежат отношения с самой собой. Чтобы получать любовь и уважение от окружающих, необходимо, прежде всего, давать их самой себе. То есть ЛЮБИТЬ СЕБЯ!

Поэтому спроси себя: Есть ли на земле кто-то, кто меня любит? О да…
Я сама люблю СЕБЯ!

_____ **ВЫВОД**

Пять основных тезисов и осознаний, вынесенных из этой главы:

Следуешь ли ты зову своего сердца?

Одни из нас слышат зов своего сердца лучше, другие хуже. Классическим примером тому может служить врач, который уже ребенком постоянно играл «в доктора». Этот врач рано услышал зов своего сердца и последовал ему, отбросив все сомнения.

Профессия = призвание

Наше сердце зовет нас идти в определенном направлении. Следовательно, у всех нас есть призвание. Вопрос только в том, осознаем ли мы это.

К сожалению, в программах обучения наших школ и университетов нет предметов, направленных на изучение своего призвания. Не предусмотрены у нас и ритуалы для его исследования, как, например, в индейских племенах. Там каждый юноша обязан в какой-то момент уединиться на пару дней в лесу и провести медитацию со своим «высшим я», в процессе которой он получает ответы на вопросы, помогающие ему определить направление своей жизни.

В результате из необразованных в этом вопросе подростков вырастают недовольные взрослые, работающие по профессии, ничего общего не имеющей с их призванием. Люди, которые слышат зов своего сердца и работают по призванию, намного счастливее, довольнее и эмоционально устойчивее, чем те, которые, образно выражаясь, переняли фирмы отцов, имея талант пианистов.

В нашем западном мире мы можем выявить наше призвание, внимательно наблюдая за собой. Мамы могут также внимательно наблюдать за тем, что интересует их детей и помогать им развиваться в этом направлении. Тогда детям будет в нужный момент легче найти свое предназначение и следовать ему.

Кем ты работаешь?

Ты довольна своей работой? Она приносит тебе удовольствие? Испытываешь ли ты вдохновение, занимаясь ею? Это твое любимое дело?

Нет?! Может быть, тебя утешит факт, что в нашем западном обществе 80% людей работают на нелюбимой работе. Они реализуют родительские мечты, чтобы заслужить их признание. Может быть, родители и счастливы от этого. Но вот счастливы ли дети?

Ты проводишь на работе треть своего дня. Делает ли эта работа тебя счастливой? Если нет, то это часто ведет к проблемам со здоровьем, болям в сердце, депрессиям и ощущению пустоты.

Посмотри на свою профессиональную жизнь. Насколько ты любишь свою работу? Ты работаешь по призванию? Хочешь ли ты сменить работу? Может быть, ты хочешь открыть свою собственную фирму, но у тебя не хватает на это смелости? Насколько твоя работа является «продолжением тебя», или ты не чувствуешь с ней особой связи? Какие мысли возникают в твоей голове, когда ты размышляешь на тему работы?

_____

_____

Какой твой вывод? Работаешь ли ты по призванию? К каким осознаниям ты пришла, чему научилась?

_____ ВЫВОД

Работаешь ли ты по призванию?
Предыдущее упражнение показало тебе, что ты относишься к восьмидесяти процентам людей, которые не работают по

призванию? Или еще хуже… к тем людям, которые даже не знают, в чем заключается их предназначение.

Да, к сожалению, большинство людей не могут четко сформулировать свое предназначение. У них есть лишь догадки и предположения в этом плане.

У меня для тебя две хорошие новости:

1. В наше время считается нормальным, каждые десять лет менять профессию. То, что было совершенно невообразимым для наших бабушек и дедушек, сегодня является нормой. Таким образом, меняться и менять работу никогда не поздно. Это касается всех. В том числе и тебя.

2. Есть проверенные способы «нащупать» твое предназначение. И для этого давай вернемся на пару лет назад…

В детстве я мечтала стать…

То, что для детей является само собой разумеющимся, нам, взрослым, часто представляется совершенно невозможным. Несмотря на то, что мы сами когда-то были детьми с «дурацкими» мечтами. А тем временем именно в детстве мы четко знали ответы на вопросы, которые сейчас даже не осмеливаемся себе задать. Не осмеливаемся? А что если мы наберемся смелости и зададим-таки их себе?

Подумай, о чем ты мечтала в детстве? Кем ты хотела стать? Что тебя особенно впечатляло? Просто отдайся полету мыслей, не пытаясь их оценивать. Запиши все, что тебе пришло по этому поводу в голову без «внутренней цензуры».

_____

Выдели себе время на выполнение этого упражнения. Если ты сразу не сможешь вспомнить себя в детстве, не расстраивайся. Ты сейчас запустила процесс воспоминаний и в течение следующих дней в твоей памяти обязательно что-нибудь всплывет. Просто внимательно наблюдай за тем, какие мысли будут приходить тебе в голову. Я, например, вспомнила, о чем я мечтала в детстве, когда наблюдала за игрой детей в лесу. Внезапно перед моим внутренним взором появилась картинка меня семилетней и вспомнилось, как я собирала в лесу деревянные корешки и делала из них скульптуры. Заведи привычку всегда иметь при себе блокнотик и карандаш. Тогда ты сможешь сразу же записывать подобные воспоминания и интересные идеи. Потому что они уходят так же внезапно, как и приходят.

Чем ты занимаешься с удовольствием?
Не только в детских воспоминаниях, но и в твоей повседневной жизни кроются ответы на вопросы по поводу твоего предназначения. Например, твои хобби тоже могут многое о тебе рассказать.

Как ты проводишь свободное время? Готовишь? Рисуешь? Мастеришь? Сочиняешь сказки для детей? Чем ты занимаешься с удовольствием?

_____

_____

Дела, занятие которыми нам дает прилив энергии и доставляет удовольствие, — это и есть индикаторы нашего индивидуального предназначения. Когда ты глубоко осознаешь, чем ты любишь заниматься, ты сделаешь следующий важный шаг на пути к осознанию твоего предназначения.

Используй свои таланты и способности!
Таланты даны тебе для того, чтобы ты их использовала! Их можно сравнить с программным обеспечением компьютера. А

значит, если ты будешь использовать свои таланты, ты сможешь легче и эффективнее двигаться к своим целям. Повторюсь: Только в том случае, если ты будешь их использовать.

Удручает, как мало людей вокруг точно знают, какими талантами и способностями они обладают. Зато они могут в деталях перечислить свои слабости и недостатки. Помни: в любой жизненной ситуации твое внимание должно быть направлено на твои достоинства. Именно они дают тебе силы и энергию!

Спроси себя: в чем твои достоинства? Что у тебя получается особенно хорошо? Какими талантами ты обладаешь? Чем ты отличаешься от других людей?

_____

_____

Упражнение показало тебе, что ты не знаешь своих талантов и достоинств? Ты без понятия, чем ты отличаешься от других людей, в чем твоя уникальность? Если это так, то попробуй сделать следующее:

1. **Спроси окружающих, что они ценят в тебе.**
Какие достоинства ценят в тебе другие люди? Какие качества твоего характера им особенно нравятся? Что именно их в тебе восхищает? Выполнение каких задач они тебе слепо доверяют?

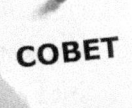

_____

_____

Ответы на эти вопросы — очень ценный подарок для тебя. Разумеется, только от тех людей, которых ты ценишь и уважаешь. Поэтому обратись с этой просьбой к людям из твоего близкого окружения. Задай эти вопросы членам своей семьи, друзьям и хорошим коллегам. Имей в виду, что члены семьи могут относиться к тебе предвзято, а хорошие друзья, напротив, скорее займут позицию нейтрального наблюдателя.

2. **Какие виды деятельности тебе даются легко?**
Наверняка ты замечала, что одни виды деятельности тебе выполнить проще и быстрее, чем другие. Какая работа тебе дается легко? Что ты можешь делать, как говорится, «одной левой»? Запиши все, что придет тебе в голову.

_____

_____

Как ты думаешь, почему перечисленные тобой действия (например, мастерить руками) получаются у тебя легко? Потому что за ними стоят твои таланты! Да, да, не скромничай, это именно так! Понаблюдай за собой, и ты увидишь, в чем заключаются твои таланты.

Ты должна сделать оба эти упражнения. И это будет непросто, потому что — каким бы каламбуром это ни казалось — вещи, которые даются нам легко, не представляют для нас особой ценности. Мы придаем этому мало значения. Зато другие восхищаются ими! Поэтому опрос других людей (упражнение №1) и наблюдение за собой (упражнение №2) — хорошая комбинация, которая обеспечит тебе необходимые осознания в этом вопросе. Что ты вынесла из этих упражнений?

ВЫВОД

_____

Карьеру способны сделать только сильные женщины…
Сразу расставим точки над «i». Несмотря на то, что мы живет в двадцать первом веке, ни общество, ни экономика многих стран пока не готовы поддерживать женщин в их карьерном росте.

Статистики западных стран подтверждают, что в целом на предприятиях до сих работает слишком мало женщин. На руководящих постах мы также видим намного меньше женщин, чем мужчин. Кроме того, женщины получают за тот же объем работы меньше денег, чем их коллеги-мужчины. А ведь давно доказано, что женщины работают эффективнее там, где требуются навыки «мультитаскинг», они быстрее и прагматичнее в принятии решений и выносливее, чем мужчины. Несмотря на все эти факты, женщинам, чтобы сделать карьеру, приходится больше работать, преодолевать больше препятствий, урезать себя и сильнее концентрироваться на достижении цели. Нередко о женщинах, сделавших карьеру, шушукаются в кулуарах, распространяя сплетни. Мол, по-другому, нежели через постель, в наше время на такой пост не попадешь.

Многие женщины втайне мечтают о карьере. Они хотят открыть собственную фирму, взять на работу других женщин и обеспечить тем самым финансовую безопасность не только для себя и своей семьи, но и для других женщин. Нередко женщины вынашивают очень конкретные планы, которым в итоге, увы.... так и не суждено осуществиться. К несчастью для них самих и их потенциальных подчиненных.

Почему так происходит, несмотря на постоянно увеличивающуюся активность движений, борющихся за права женщин? Потому что проблемы женщин находятся в них самих. Потому что внимание женщин в основном направлено на благополучие других, но не себя самих. И парадокс в том, что даже те женщины, которые борются за права других женщин, при этом нередко забывают о самореализации.

Я снимаю шляпу перед теми женщинами, которые всеми силами пытаются одновременно иметь счастливую довольную семью и сделать удачную карьеру. Те, кому это действительно удается, платят большую цену! Одни из них, спеша осуществить все намеченные планы и попасть на все запланированные встречи, забывают о себе, что сказывается на их физическом и психическом здоровье. Поэтому «синдром профессионального выгорания» — бич нашего времени! Другие работают до пятидесяти лет на пол- или четверть ставки на плохо оплачиваемых должностях. Третьи, долгое время сидя дома с детьми из-за того, что их мужья не согласны с тем, чтобы жена работала, оказываются, если мужья вдруг оставляют семьи, в очень незавидном положении из-за отсутствия стажа работы.

К чему я клоню? Важно, чтобы ты знала, чего ты хочешь! Чтобы ты слышала зов своего сердца и следовала ему. Даже если твое призвание — быть замечательной матерью или заботиться исключительно о твоем супруге. Здесь нет «правильно» и «неправильно». Здесь есть только ты и твоя интуиция, которая направляет тебя туда, где ты будешь чувствовать себя реализованной.

И помни, что твои потребности могут меняться в зависимости от твоего возраста. Может быть, тебя удовлетворит роль матери, пока твои дети маленькие. Но когда они подрастут и больше не будут нуждаться в твоем постоянном внимании, тебе захочется заняться чем-то еще. Посмотри на тему твоей самореализации с разных сторон. Задай себе как приятные, так и неприятные вопросы, чтобы докопаться до истины. Какие свои скрытые потребности ты не удовлетворяешь? Чего ты хочешь от жизни?

_____

Позволь себе раскрыть весь свой потенциал! В тебе сокрыто столько талантов и способностей! Их необходимо выпустить на свет и показать миру. На благо тебе и окружающим. Быть женщиной — означает, в том числе быть многогранной научилась? К каким осознаниям пришла?

ВЫВОД

_____

Я же не могу оставить мою семью одну

Я часто слышу от женщин фразу «Я же не могу оставить мою семью одну». Особенно женщины с маленькими детьми говорят так, попадая в ловушку своей гиперответсвенности. Всем этим женщинам я говорю: «Можете, еще как можете!» И прежде чем я услышу от тебя возражения, я уточню, что под выражением «оставить одних» не подразумеваются твои кругосветные путешествия и недельные отсутствия.

Я имею в виду лишь то, что женщины очень мало занимаются собой. Они уделяют очень много внимания и времени своим постоянно развивающимся детям, работающему и устающему мужу, нуждающимся родителям, интересующимся родственникам и т.д. Всем, кроме себя! Женщины превращаются в менеджеров по планированию и таксистов для своих детей, организаторов семейных и прочих мероприятий, отпусков и **забывают себя как женщины**!

Ты узнала себя в этом описании? Да, ты семейный менеджер, у которого все под контролем. **Все, кроме тебя самой!** Поэтому как блестящий успешный менеджер ты должна сделать следующее. Ты должна уметь организовывать и время для себя! И при этом четко сообщать об этом твоему окружению. Например, так: Я на совещании с одним важным человеком! Или на свидании. Как тебе больше нравится.

У меня свидание с самой собой!

Начни выделять себе ежедневно, по крайней мере, один час, который ты будешь проводить исключительно с самой собой! Никаких социальных сетей, интернета, телефона, подруг, друзей и т.д. Только ты!

Во время свидания бери в руки твой дневник счастья и размышляй о своей жизни.

- В чем заключаются твои цели?
- Что ты сделала сегодня для достижения своих целей?
- За что ты сегодня благодарна?

Ты — самый важный для тебя человек. Даже будучи при этом в роли мамы и жены. **Ты достойна одного часа в день исключительно для себя.**

Также ты можешь провести этот час на природе, слушая свою интуицию и соединяясь с источником своей жизненной энергии.

Планируй регулярные свидания с самой собой на постоянной основе. Записывай их в свой календарь. Сообщи об этом своей семье. Открытый разговор на эту тему очень важен. Скажи, что это время очень ценно для тебя.

Что ты не хочешь, чтобы тебя в это время беспокоили. И ты, и твои родные увидите в итоге, что это оплатится сторицей. Потому что таким образом у тебя появится время приводить себя в баланс и направлять себя в согласии с зовом твоего сердца.

Итак, когда у тебя первое свидание с самой собой? _____

Пять основных тезисов и осознаний из этой главы:

Сколько денег ты носишь при себе?

Во многих западных культурах говорить о деньгах не принято. И при этом является обязательным демонстрировать свое благосостояние в форме статусных символов. Каких? О них мы узнаем в том числе и с помощью рекламы, утверждающей, что успешный мужественный мужчина должен иметь соответствующую машину, а успешная женственная женщина — соответствующие внешность и запах. Принято также считать, что экономить — это хорошо. Но реальный мир живет под девизом: Покажи, что у тебя есть деньги, даже если у тебя их нет. Иметь деньги — это соблазнительно. Иметь деньги — это круто. Иметь деньги — это «сидеть в партере».

Я выросла в окружении, где о деньгах говорить было не принято. Деньги либо были, либо их не было. В школе ценность ребенка определялась профессиональным статусом его родителей. Дети государственных служащих ценились больше, дети фермеров — меньше. Самыми ценными были дети предпринимателей. Сегодня я, будучи взрослой, ухмыляюсь, вспоминая об этом. Тем не менее, многие взрослые до сих пор считают, что говорить о деньгах не принято, и ошибочно полагают, что их самооценка может зависеть только от внешних факторов.

Как ты относишься к деньгам?

Мнение других не должно влиять на нашу самооценку. Мы уже говорили с тобой о том, что на мнение других ты по большому счету повлиять не можешь, и если ты будешь постоянно пытаться это делать, то будешь попросту терять энергию. Поэтому мы условились с тобой, что эффективнее будет направить эту энергию на решение твоих задач, на достижение твоих целей. **Ты имеешь стопроцентное влияние только на свои мысли и действия.**

 Поэтому спроси себя: как ты относишься к деньгам? Считаешь ли ты, что иметь деньги — круто? Тебе нравятся деньги? Ты любишь деньги? Ты любишь запах купюр? Ты носишь при себе наличные? Не раздумывай долго над ответами, а запиши первое, что приходит тебе в голову.

_____

Ну вот ты и сформулировала, как ты относишься к деньгам. Ты удивлена результатом этого упражнения? Какие мысли приходят тебе в голову, когда ты видишь свое отношение к деньгам «черным по белому»?

_____

Многие люди противоречиво относятся к деньгам. Деньги нужны им для того, чтобы покрывать свои каждодневные расходы на жизнь. Они рассматривают деньги как необходимость. Но чтобы любить деньги?! Это уже чересчур…

Когда я в первый раз сказала на людях, что люблю деньги, я поймала на себе непонимающие взгляды и осуждающие реплики из серии *«Как можно любить деньги?!»*. Эти реплики иллюстрирует главную ловушку нашего мышления в этом вопросе. Деньги в этом случае воспринимаются как средства, которые нам необходимы для того, чтобы, утрированно выражаясь, заплатить за квартиру и съездить в отпуск. А для чего еще? И зачем любить деньги?! Нет! Мы любим людей, животных, природу… но не деньги же?!

При этом деньги являются тем же самым, что и природа. Ты спросишь: Как так?! А так! **Деньги — это ничто иное, как энергия**! Как дерево и пруд являются энергией, так и деньги являются просто энергией и, в конечном счете, тоже состоят из атомов. Атомов, которые имеют определенную форму, которая в нашем представлении ассоциируется с деньгами. Также как море, небо, солнце.

СОВЕТ

Осознать, что деньги являются энергией — значит, сделать первый шаг к тому, чтобы иметь больше денег. Следующий шаг — начать относиться к деньгам также уважительно, как к себе.

ВЫВОД Как тебе осознание того, что деньги — это просто энергия?

_____

Бабки, капуста, уголь, зола…

Итак, мы выяснили, что деньги — это просто энергия. Тем не менее, говоря о деньгах, мы сами того не замечая, часто употребляем простонародные обозначения. Таким образом мы подсознательно переносим на деньги наше отношение к ним.

А как мы относимся к деньгам? Употребляя уничижительную лексику, мы неосознанно показываем, что мы «круче» денег, и тем самым обесцениваем их и приуменьшаем их значение в нашей жизни. Например, когда мы называем деньги по-немецки «углем» или «золой». Говоря «Мне срочно нужен «уголь» для починки машины», мы неосознанно сигнализируем Вселенной, что деньги, то есть «уголь», нам нужны только для того, чтобы их сжечь! То же самое происходит, когда мы называем деньги «золой». В постсоветском русскоязычном пространстве в обиходе огромное количество обозначений денег с помощью тюремной лексики. Когда мы используем ее, мы бессознательно поступаем также как, люди, которые, сидя за решеткой, придумали и использовали эти названия. А именно: Они перенесли ответственность за свои действия на деньги и сделали деньги виноватыми в том, что у них в жизни что-то не получилось. Но, например, евреи традиционно очень хорошо относятся к деньгам, на что указывают просторечные обозначения денег в их языке.

Многие люди ведут себя так, и я — не исключение. Когда мой

коуч заострил на этом мое внимание, я была в шоке! Я увидела, насколько часто я употребляла сленг в отношении денег и тем самым незаслуженно унижала их, абсолютно не осознавая этого! С тех пор я слежу за моим языком и называю деньги тем, чем они на самом деле являются: **ценимою мною энергией по имени Деньги, которой я всегда рада!**

Понаблюдай за собой: Как ты обычно говоришь о деньгах? Как ты называешь деньги?

_____

Легко ли тебе было выполнить это упражнение? Нет? Тогда попробуй сделать следующее. Поговори со своим партнером о деньгах и запиши этот разговор на диктофон. При прослушивании записи ты найдешь ответы на эти вопросы. Спроси себя: Я говорю о деньгах уважительно или пренебрежительно?

_____

Спроси себя: Как ты отныне предпочитаешь называть деньги?

_____

Каков твой вывод? Чему ты научилась? Когда ты начнешь называть деньги тем, чем они являются, а именно **чистой энергией**!

_____

Женщины зарабатывают меньше, чем их коллеги мужчины
В нашем западном обществе зарплата женщины до сих пор традиционно меньше зарплаты мужчины, работающего в той же должности. Это известный факт. Интересно, однако, что именно женщины являются теми, кто с таким положением дел согласен

и молча продолжает выполнять привычный объём работы. Таким своим отношением женщины потакают тому, что в этом плане ничего не меняется. Почему? Потому что женщины традиционно существа миролюбивые и предпочитают лучше стерпеть несправедливость, чем лишний раз ввязываться в конфликт. Но тем самым они ведь делают себе только хуже!

Я управляю предприятием международного уровня, и наша позиция в этом отношении однозначна: у нас женщины имеют право получать такую же зарплату, как и их коллеги мужчины. Я очень поддерживаю это правило и мотивирую другие предприятия и моих коллег вести себя также. Я считаю, что если каждая из нас начнёт внедрять в свою жизнь конкретные посильные изменения, то мир, пусть медленно, но верно, станет — особенно для нас, женщин, — лучше.

И я хочу, чтобы эти строки вдохновили всех женщин — особенно на руководящих должностях — думать и действовать, как мы. Потому что именно от нас, женщин, зависит изменение качества нашей жизни. Чем больше женщин в мире начнёт действовать, тем скорее ситуация изменится в лучшую сторону.

Подумай, что конкретно ты можешь предпринять, чтобы поддержать нашу инициативу? И не преуменьшай своё влияние!

СОВЕТ

_____

_____

_____

Идеи, которые пришли тебе в голову — это первый шаг на пути к изменениям. Следующий шаг — воплощение идей в жизнь. Начни это делать сегодня!

По какой цене ты себя продаешь?

Уже одно только это предложение вызывает у многих женщин дискомфорт. «Я не хочу себя продавать», - возможно, воскликнешь ты возмущенно. И ты будешь права — в этой фразе есть привкус проституции. Однако, как бы возмутительно это не звучало, мы и по сей день можем поучиться у представительниц древнейшей профессии. Их незыблемое кредо: Кто не платит, тот не получает услуги.

Положа руку на сердце: как часто мы, женщины, выполняем работу, не получая за нее адекватной платы? Взять одних только домохозяек и мам, которые готовы работать 24 часа в сутки абсолютно безвозмездно, на благо семьи. При том, что общество тоже не особо ценит их подвиги.

Все это приводит к тому, что женщины сплошь и рядом занижают себе цену. Как только на собеседовании речь заходит о зарплате, женщины стесняются назвать достойную сумму. Что происходит? Они продают себя не за ту цену, которую они заслуживают. И при этом они, как правило, работают с гораздо большим рвением и старанием, чем два мужчины вместе взятые и до последнего не просят засчитать им сверхурочные.

Мои дорогие дамы, что же мы делаем неправильно?
Дело в заниженной самооценке, которая мешает нам назвать адекватную цену. Только та женщина, которая верит в себя и знает цену своим способностям, способна себя адекватно *«продавать»*. Милые дамы, не стесняйтесь!

Сколько ты стоишь на рынке труда? Соответствует ли эта цена полученным тобой образованию, знаниям и опыту работы? Какую стоимость ты считаешь адекватной?

Или сформулируем по-другому: Сколько денег ты хотела бы

получать?

_____

Хорошо, что ты написала цифру. Насколько твое желание расходится с реальностью? В нашей системе образования, к сожалению, отсутствует важный предмет. Нас нигде не учат тому, как повышать свою самооценку!

Твоя самооценка — это чувство. И это чувство базируется на твоем собственном отношении к твоей **ЦЕННОСТИ**.

Твоя ценность выражается в той цене, которую ты себе назначаешь

Ты лучше всех других знаешь, насколько ты ценна. Однако женщины традиционно недооценивают себя. В этом и заключается проблема. Женщины недооценивают себя, тогда как мужчины наоборот традиционно переоценивают себя.

Как ты себя оцениваешь по шкале от 1 (низко) до 10 (высоко)?

_____

Будь уверена, моя дорогая коллега, что цифра, которую ты написала, намного ниже твоей реальной цены. **Ты очень ценный человек, с невероятными талантами и способностями.**

Покажи свои знания, умения и способности прежде всего себе! А затем покажи их миру! Мир не сможет их увидеть, пока ты не увидишь их сама, так как он является нашим зеркалом. Соответственно, если мир занижает твою цену, то у тебя заниженная самооценка.
Поэтому тебе предстоит, образно говоря, убрать все палки, которые ты сама ставишь себе в колеса, неадекватно продавая себя. Под «палками» подразумевается твой негативный опыт, основанный на твоих ограничивающих убеждениях.

Какие ограничивающие убеждения есть у тебя?

Нашими мыслями и действиями управляют наши убеждения о том, как устроен мир. Одни убеждения помогают нам идти по жизни, другие ограничивают наше движение. Например, убеждение *«у меня все получится»* помогает нам по жизни, а убеждение *«я слишком слаб, чтобы пробежать марафон»* ограничивает нас.

Ограничивающие убеждения базируются на негативном опыте. Причем, не обязательно на нашем личном. Основную массу ограничивающих убеждений мы впитываем в детстве от наших близких и после неосознанно следуем им по жизни. Эти убеждения управляют нами, как марионетками до тех пор, пока мы не осознаем их и не примем решение получить новый, возможно, позитивный, опыт и тем самым двинуться вперед. Вот список десяти самых распространенных ограничивающих убеждений, на которые я вышла в процессе моего занятия этой темой (источник: www.flowfinder.de):

1. Я недостаточно умная (образованная, красивая, сильная и т.д.).
2. Мне важно, что думают обо мне другие люди.
3. Я этого не заслуживаю.
4. Я слишком старая (молодая, неопытная и т.д.).
5. Я могу потерпеть неудачу.
6. Чтобы получать деньги, нужны деньги, связи или удача.
7. Я уже пытался по-всякому.
8. У меня не было и нет возможности.
9. У меня нет времени.
10. Я — жертва обстоятельств.

Очень мало людей осознает свои ограничивающие убеждения. Я приняла решение исследовать мои ограничивающие убеждения много лет назад. И я очень рада этому решению, потому что тем самым я взяла ответственность на себя за изменение моей жизни, за изменения привычных схем поведения, диктуемых ограничивающими убеждениями.

А как у тебя обстоит с этим?

Ты можешь назвать свои убеждения? Какие из них тебе помогают, а какие мешают? Я приглашаю тебя подумать на эту тему и написать список твоих ограничивающих убеждений. Помни: Ты не оцениваешь, а просто наблюдаешь.

Какие фразы и мнения других людей о тебе сразу приходят тебе в голову? Какого мнения ты сама о себе? Что ты думаешь о себе, когда смотришься в зеркало? Что ты слышала о себе в детстве? Запиши все, что тебе придет в голову:

_____

_____

Упражнение далось тебе легко? Или у тебя возникли сложности? Не расстраивайся, если это так. Большинство людей не осознают свои ограничивающие убеждения. Представь себе, что эти убеждения прилепились к тебе и, как невидимые пиявки, сосут твою кровь. Твоя жизнь была бы без них в разы легче и благополучнее. Поэтому загляни сейчас в конец книги. В приложении ты увидишь списки типичных ограничивающих убеждений. Прочитай эти убеждения друг за другом и прочувствуй телом, какие из них являются твоими убеждениями? О чем постоянно шепчет «внутренний критик» в твоей голове? Не повторяет ли он эти самые убеждения по нескольку раз в день? *Ты недостаточно красива? Недостаточно умна? Недостаточно компетентна?*

_____

На следующих страницах я научу тебя преобразовывать твои ограничивающие убеждения таким образом, чтобы они больше не ограничивали твое развитие, а наоборот поддерживали его. Давай возьмем для начала три твоих ограничивающих убеждения и вместе преобразуем их.

Какие три твои ограничивающих убеждения ты хочешь преобразовать?

1. _____

2. _____

3. _____

Мысленно попрощайся с этими пиявками, которые совсем скоро перестанут мешать тебе наслаждаться полнотой жизни.

Какие ограничивающие убеждения о деньгах у тебя есть?

Пришло время исследовать твои ограничивающие убеждения о деньгах. Ведь именно они ограничивают приход денег в твою жизнь и формируют твою материальную ситуацию.

Когда я начала заниматься этой темой, я изумленно обнаружила у себя ограничивающее убеждение *«деньги — грязь»*. Оно выражалось даже в том, что каждый раз после контакта с банкнотами я мыла руки. Как ты думаешь, как на такое мое поведение реагировали деньги, которые, как мы установили, на самом деле являются чистой энергией?

Энергия притягивается энергией как магнит.

Соответственно, деньги «чувствовали», что как только они попадают в мои руки, у меня появляется желание их «смыть», избавиться от них, как от грязи. Ты осознаешь тяжесть подобного мышления? Поверь мне, я это абсолютно не осознавала. Мало того, я была уверена, что делала все возможное для того, чтобы деньги чувствовали себя в моих руках хорошо.

После того, как я узнала о наличии у меня убеждения «деньги — грязь», я поговорила об этом с моей мамой, и она рассказала мне, что я в детстве глотала монетки. Этот факт меня очень обрадовал. Ха-ха, значит, я уже в детстве интересовалась деньгами и стремилась стать «свиньей-копилкой». Но понятное дело, что этот факт не радовал мою маму. Она поступала тогда так, как поступил бы любой родитель на ее месте. Она объясняла мне, что деньги грязные и запрещала мне брать их в рот. Вот так родилось мое ограничивающее убеждение «*деньги — грязь*».

Таким образом, если ты хочешь изменить свою финансовую ситуацию, тебе необходимо найти и преобразовать твои личные ограничивающие убеждения, которые как пиявки высасывают из тебя энергию и мешают тебе быть «свиньей-копилкой».

Как ты относишься к деньгам? Какие мысли проносятся в твоей голове при виде богатого человека? Что ты чувствуешь, держа в руке денежные купюры большого достоинства? Выбери и выпиши из списка «Ограничивающие убеждения о богатстве, благополучии и деньгах» те убеждения, которые есть у тебя.

_____

_____

Теперь ты осознала свои ограничивающие убеждения по поводу денег. Отлично! Это огромный прорыв. Помни о том, что осознание — 50% пути. Этот шаг очень ценен. Не преуменьшай его значение!

Как преобразовать свои негативные убеждения в позитивные?
Теперь, когда ты знаешь, какие убеждения ограничивают приход денег к тебе, ты можешь преобразовать их таким образом, чтобы они наоборот стали ему способствовать. Как это сделать? Для этого я попрошу тебя выписать сюда из списка твоих ограничивающих убеждений три убеждения на твое усмотрение.

	Негативное убеждение	**Позитивное убеждение**
1.	_____	_____
2.	_____	_____
3.	_____	_____

Теперь давай преобразовывать. Возьмем ограничивающее убеждение «деньги — грязь». Как можно изменить формулировку *«деньги — грязь»* таким образом, чтобы она помогала тебе по жизни? Например, так: *«деньги — позитивная энергия»*.

Процесс преобразования: Новую формулировку ты будешь использовать в качестве аффирмации — вербальной формулы, которая при многократном повторении закрепляет нужный образ в подсознании. Для этого напиши эту формулировку сразу на нескольких листочках формата А5 или стикерах и размести их в твоей квартире так, чтобы они были максимально на виду (на рабочем столе, в ванной комнате, в кухне, на холодильнике и т.д.). Ты можешь положить одну карточку себе в кошелек, наклеить стикер на видное место в машине и т.д. Обязательно запиши это новое убеждение и в твой дневник счастья. Когда ты будешь видеть карточки и читать аффирмацию, делай это не механически и бездумно, а пробуй чувствовать телом, как отзывается это новое убеждение в твоей душе, насколько эта формулировка тебя окрыляет и дает прилив сил. Представь себе, как каждая твоя клеточка впитывает в себя это новое убеждение как живительную энергию и благодарит тебя за это.

> **Шаг 1: Выбери одно из твоих ограничивающих убеждений.**
> **Шаг 2: Переформулируй это ограничивающее убеждение таким образом, чтобы оно больше не ограничивало твое развитие, а наоборот помогало это делать легко и с удовольствием.**
> **Шаг 3: Напиши новую формулировку на карточки и стикеры.**

Шаг 4: Расположи карточки и стикеры на видных местах в квартире, машине, кошельке и т.д.

Шаг 5: Каждый раз, когда ты будешь видеть карточку или стикер, читай то, что на ней написано.

Шаг 6: Чувствуй прилив энергии в теле, который вызывает прочитанное.

Шаг 7: Благодари себя за все позитивное в твоей жизни.

Таким образом ты постепенно сможешь преобразовать все твои ограничивающие убеждения. Я обращаю твое внимание на слово «постепенно». Преобразовывай одно убеждение за другим по очереди, не все сразу, так как процесс преобразования в подсознании проходит по принципу **«тише едешь, дальше будешь»**. Я рекомендую тебе действовать по «правилу двадцати одного дня». Ученые установили, что именно столько дней требуется человеку на закрепление новой привычки. То есть работай 21 день без перерыва с одним убеждением, потом 21 день без перерыва со следующим и т.д.

Что будет происходить с тобой в это время? Ты начнешь «кормить» клеточки своего тела новой информацией и таким образом перепрограммировать себя на другое мышление. Это потребует времени. Ведь смотри — ты годами, а может даже десятилетиями была убеждена, например, в том, что деньги — грязь. А теперь тебе надо переубедить себя в том, что деньги — это позитивная энергия. На это уйдет время, но оно того стоит. Сообщая себе в течение 21 дня по нескольку раз в день, что деньги — это позитивная энергия, ты все больше и больше будешь притягивать к себе эту позитивную энергию. При этом последний шаг — благодарность — очень важен. Благодаря себя за все позитивное в твоей жизни, ты тем самым выражаешь доверие этому процессу и придаешь магнетическую силу новому убеждению. Об этом мы поговорим подробнее в главе «Выражай благодарность».

Поздравляю! Ты еще на один шаг приблизилась к своей цели.

Какой твой вывод из этого упражнения?

_____

Как увеличить свой денежный доход?

Действуй как богатый человек! Теперь, когда ты осознала, какие убеждения мешают приходу в твою жизнь большого количества денег, и начала культивировать новые убеждения о деньгах, настало время научиться действовать так, как действуют богатые люди. Нет, я не говорю, что ты должна начать сорить деньгами. Я имею в виду действия по закону:

> Энергия бывает разного качества и всегда притягивает энергию по подобию.

Представь себе магнит, который притягивает то, что к нему магнитится. Также происходит и с деньгами. **Деньги притягиваются деньгами!**

Что все это означает для тебя лично? А то, что на сегодняшний день существуют простые способы, которыми ты можешь пользоваться, чтобы изменить твою финансовую ситуацию. Используй их! А также придерживайся следующих советов:

Совет № 1: постоянно носи при себе крупную денежную купюру.

Возьми крупную денежную купюру и положи ее в свой кошелек на видное место. Всякий раз, когда ты будешь открывать кошелек и видеть эту купюру, говори себе «Деньги — это позитивная энергия. Деньги притягивают меня, и я притягиваю деньги. Благодарю!» Так ты постоянно будешь демонстрировать Вселенной, что ты являешься магнитом для денег и действуешь в соответствии с этим убеждением.

Внимание: Отпусти чувство страха! Не бойся потерять кошелек! Трансформируй страх потери в ощущение доверия и интереса к миру. Действуй в согласии с законом Джозефа Мэрфи «Когда мы показываем нашему подсознанию, что мы хотим сделать нашей реальностью, оно делает это нашей реальностью». Если ты с удовольствием и доверием будешь носить крупную денежную купюру в кошельке, она притянет в твою жизнь другие крупные денежные купюры.

Совет № 2: мне это действительно нужно?

«Искусство заключается не в том, чтобы уметь зарабатывать деньги, а в том, чтобы уметь их удерживать», - сказал мне как-то один богатый и мудрый мужчина. Я уже много лет ношу в кошельке листочек, на котором написано *«Мне это действительно нужно?»* и каждый раз, подходя к кассе и открывая кошелек, смотрю на этот вопрос. После этого я критично осматриваю то, что собиралась купить и… только 30% я беру с собой, а 70% оставляю в магазине! Благодаря этому я отдаю меньше, а получаю больше!

Ты можешь прямо сейчас, что называется, «не отходя от кассы» скачать эту волшебную карточку на моей странице в интернете www.creativita.cc, распечатать и положить ее в свой кошелек. Она поможет тебе делать покупки более осознанно и тем самым реально платить меньше и получать больше.

Совет № 3: сознательно выбирай позитивное окружение

Поговорка *«скажи мне, кто твой друг, и я скажу, кто ты»*, действительно, имеет смысл. Поэтому спроси себя: кто мои друзья? Какие они? Кто меня окружает? Эти люди светлые, позитивные или скорее негативно настроенные? Они чаще жалуются или радуются жизни? Они харизматичны, притягательны для окружающих? Они полны энергии и жажды жизни? Ты чувствуешь, куда я клоню? Девиз по жизни: **ты** будешь себя лучше чувствовать, если окружишь себя позитивными, целеустремленными и успешными людьми и простишься с людьми, являющимися их противоположностью. Да, верно, это означает и то, что следуя этому правилу, тебе, возможно, придется расстаться с некоторыми старыми друзьями. Это будет непросто, но ты только подумай и прочувствуй: сколько дополнительной энергии у тебя появится, если ты это сделаешь!

Совет № 4: интересуйся успешными людьми
Читай биографии успешных людей. Кто они, твои примеры для подражания? Какой была их жизнь? Какой жизнью они живут сейчас? Какой жизненной философии они следуют? Читай о них в интернете, смотри видео с ними и о них, наблюдай за их творчеством. Учись на их опыте, как стать магнитом для денег и успеха.

Совет № 5: регулярно веди «дневник счастья»
Регулярно делай записи в своем дневнике счастья. Это очень важный инструмент для проверки твоего движения по жизни. Как каждый капитан корабля обязан вести бортовой журнал, так и ты — как капитанша твоего корабля — должна регулярно согласовывать свое движение со своим внутренним компасом. Кроме того, этот ритуал поможет тебе регистрировать твои успехи и достижения и повышать твою самооценку.

Поэтому обязательно регулярно выделяй себе на это время. Регистрируй в дневнике свои успехи на пути к своим целям, записывай новые идеи и выражай благодарность себе и другим.

Совет № 6: регулярно занимайся благотворительностью
О необходимости заниматься благотворительностью говорится еще во многих дошедших до нас писаниях. В Библии мы находим следующие слова: «*Давайте, и вам тоже дадут. Полной мерой, утрясенной и пересыпающейся через край, вам отсыплют в вашу полу. Какой мерой вы мерите, такой отмерят и вам*" (Евангелие от Луки 6:38). Мы видим, что так действуют многие успешные люди. Джон Дэвисон Рокфеллер, Марк Цукерберг, Билл Гейтс и многие другие вошли в историю как щедрые меценаты. Ты можешь возразить: «Ну, это ясно. У них же есть деньги...» Однако прими во внимание, что все три перечисленные личности являются миллионерами, которые сделали себя сами и начали заниматься благотворительностью задолго до того, как стали богачами. Рокфеллер, например, начал уже ребенком делиться десятиной своего дохода с нуждающимися. Считается, что **10% дохода — оптимальный объем для регулярной благотворительности**. Если тебе эта цифра кажется большой, начни с более мелкой суммы. Главное то, что ты с сегодняшнего дня регулярно начнешь делиться своим доходом с нуждающимися. Действуя так, ты будешь демонстрировать миру, что у тебя достаточно денег.

> **Занимаясь благотворительностью, ты показываешь Вселенной, что ты живешь в достатке!**

Действуя таким образом, ты становишься магнитом для денег, и деньги будут приходить к тебе регулярно.

Совет № 7: укрепляй себя позитивными аффирмациями.
В конце книги я поместила список позитивных *аффирмаций для притяжения богатства, благополучия и денег*. Повторяя эти аффирмации снова и снова, ты будешь постепенно перепрограммировать свои мысли и чувства. Пользуйся системой карточек, которую я описала ранее.

Совет № 8: не позволяй сбить себя с курса!
Многие из твоего окружения будут пытаться сбить тебя с курса. Они будут подтрунивать над тобой, критиковать, вводить в сомнения. И это нормально, так как в нашей культуре человек традиционно скептически относится к новым идеям, и лишь немногие решаются изменить свой привычный «день сурка».

Внимание: Не позволяй сбить себя с курса! Наоборот: воспринимай такое поведение как дополнительный стимул действовать в выбранном тобою направлении. Не позволяй никому принимать решения за тебя и вмешиваться в твои планы. Это твои решения! Это твои планы!

Пусть эта мини-коллекция советов будет поддерживать тебя на твоем пути и давать силы и энергию на свершения.

Применяя эти советы, ты станешь магнитом для денег.

Имей в виду, что всем этим советам необходимо следовать регулярно. Дисциплина поможет тебе сделать новое поведение привычным и изменить тем самым твою финансовую ситуацию в лучшую сторону. Ведь ты хочешь именно этого, не так ли?

Ты готова следовать перечисленным советам? Какие из них ты готова начать применять прямо сейчас? Какие позже? Когда именно? Прими решение и сразу переходи к действиям.

Совет: Подробнее об этой теме ты можешь прочитать в моей книге «Хочешь… успеха? Мой путь от гувернантки до директора казино в Санкт-Мориц». Там ты найдешь еще больше ценных советов в этом направлении.

Пять главных тезисов и осознаний, которые ты вынесла из этой главы:

Духовность как главный козырь счастья

Многие ошибочно полагают, что понятия «тело», «душа» и «разум» и стремление привести их в гармонию пришли к нам с востока.

С терминами «душа» и «разум» мы встречаемся уже в библии и многочисленных античных источниках. То, что под ними подразумевалось, как правило, рассматривалось в оппозиции к телу, материальному воплощению человека. Душа отвечала за индивидуальность человека и общалась с ним посредством интуиции. Тело и разум же главенствовали в этом трио в плане разрешения себе желать и хотеть, игнорируя при этом потребности души. Очевидно, что приведение всех трех компонентов в равновесие — и есть путь к счастью под девизом «слушай свое тело, настраивай свой разум и следуй своей интуиции».
Как же сюда вписывается духовность?

Как же сюда вписывается духовность?

Духовность — это очень обширная тема, которая и включает в себя исследования упомянутых выше понятий.

В то время как на востоке духовность уже много поколений назад стала неотъемлемой частью жизни человека, на западе интерес к ней проснулся сравнительно недавно. В интернете можно найти огромное количество информации на эту тему, и основными потребителями этой информации являются женщины. Большинство из них «просвещает» себя тайно и осторожно, поскольку ни у кого нет желания прослыть «эзотеричкой».

Я занимаюсь этой темой давно. Особенно много интересного я узнала во времена моей работы гидом. Путешествуя, сопровождая туристические делегации, вступая в разговоры с людьми разных культур и вероисповеданий, я постоянно расширяла свои перспективы восприятия мира. И одновременно становилась свидетелем событий, которые невозможно объяснить одной только логикой.

Так что же такое *духовность*? Для меня лично *быть духовной* означает уметь слышать свою интуицию, уметь интерпретировать мир не только с помощью разума. Духовный человек имеет особое обаяние, излучает внутреннюю доброту. Его слова не расходятся с делом, он уверен в себе и удивительно спокоен. Его ум, душа и тело действительно находятся в балансе, он действует умиротворительно на окружающих, и люди любят находиться рядом с ним.

Конечно, возникает вопрос: Как же стать такой? Я много думала на эту тему, разговаривала с духовными людьми и прочитала огромное количество книг на эту тему. В результате я выявила для себя следующие критерии духовного человека. Духовный человек:

- **внимательно и бережно относится к себе и окружающим,**
- **прислушивается к мудрости своего сердца,**
- **руководствуется в своих решениях здравым смыслом,**
- **тренирует свои духовные способности,**
- **повышает уровень своей осознанности,**
- **находится в мире с собой и миром,**
- **укрепляет способность доверять себе,**
- **чувствует себя неотъемлемой частью этого мира, соединенным со всеми мощной силой любви,**
- **полностью живет «здесь и сейчас» в настоящем моменте времени.**

…и последнее по списку, но не последнее по значению:

- **счастлив!**

Огромный шаг в эту сторону — это научиться жить «здесь и сейчас», научиться сознательно направлять свое внимание на то, что происходит с тобой в данный момент времени. Многие люди большую часть своей жизни проводят в размышлениях о прошлом и мечтах о будущем. Всем очевидно, что прошлого не вернешь, а будущее еще не наступило, и, собственно, все, что у нас есть — это момент «здесь и сейчас». И, тем не менее, — это так трудно, жить в этом моменте и наслаждаться им на полную катушку. Поэтому освободи себя от эмоционального груза прошлого, дисциплинированно организуй свои планы на будущее и… живи настоящим!

Интегрируй в свою жизнь принцип «живи здесь и сейчас», старайся как можно чаще следовать ему, и ты увидишь, как мир заиграет всеми красками, ты почувствуешь небывалую жажду жизни и станешь в разы энергичнее. И не забывай, что ТЫ решаешь, что, как и, главное, КОГДА ты хочешь видеть.

Каков твой вывод? Когда ты начнешь жить «здесь и сейчас»?

_____

вывод

Счастье и удача

Счастье — очень расхожая на сегодняшний день тема и затасканное понятие. Все размышляют и говорят о счастье, мечтают быть счастливыми и желают себе удачи. Ты тоже такая?

?

Что означает «счастье»?

Многие великие писатели и философы размышляли и писали на тему счастья и оставили свои определения. Так известный античный философ Аристотель считал, что «счастье есть смысл и назначение жизни, единственная цель человеческого существования". Мыслитель Платон писал, что «человек может быть счастлив только тогда, когда его душа, разум и чувственные влечения и страсти находятся в равновесии».

В современных исследованиях о счастье (Аристотелю и Платону

они бы понравились) различают два вида счастливых состояний: состояние счастья, то есть эйфории, вследствие удачи, везения и состояние счастья в форме внутреннего равновесия, эмоционального баланса вследствие умения жить «в мире с миром».

? **В чем разница между двумя состояниями счастья?**
Счастье как состояние внутреннего равновесия человека возникает в результате его умения сбалансировано развиваться в разных сферах своей жизни (семья, профессия, профессия, хобби, друзья и т.д.). На появление этого состояния человек может влиять сам. Он сам может решать, с какими людьми ему дружить, как проводить свободное время, куда поехать в отпуск. Мы можем чувствовать себя счастливыми, проводя замечательный вечер в кругу семьи, друзей, в момент, когда нам улыбается наш ребенок и т.п. Словарь DUDEN, например, определяет «жизненное счастье» как «удовлетворение в личной жизни».

На возникновение состояния счастья вследствие везения человек вроде бы сознательно повлиять не может. Так ли это на самом деле? Кто еще верит в случайности, предначертания и судьбу?! Многие! Иначе государство не зарабатывало бы миллионы на розыгрышах лотерей. Факт тот, что приход такого состояния счастья не поддается контролю. То, что поддается контролю — это отношение к удаче. Ведь согласись, можно скептически относиться к азартным играм, лотереям и т.д. и ни в коем случае не принимать в них участия и таким образом закрыться от удачи. Эта позиция описывается ограничивающим убеждением «не надо искушать судьбу». А можно открыться удаче, везению, шансам! Эта позиция описывается позитивным убеждением **«каждый - сам кузнец своего счастья!»**.

Мы все хотим быть счастливыми. А посему прими пару советов:

- **Давай удаче шанс!**
  Будь открыта приходу нового в твою жизнь, займи

смелую жизнерадостную позицию по жизни. Жизнь полна шансов!

- **Освободи себя от давления общественных норм**
  Убирай нормы... Сними их как оковы, которые годами приковывают тебя к ненавистной работе, нелюбимому мужчине и т.д. Ты хочешь начать новую жизнь? Начни ее сегодня! Это твоя жизнь, твой выбор, твое решение.

- **Не ищи любовь**
  Не сиди дома в надежде, что мужчина твоей мечты постучится в твою дверь. Выходи в свет, встречайся с друзьями. Не теряй времени! Наслаждайся жизнью! И уж поверь, сделав саму себя счастливой, у тебя больше шансов встретить «мужчину твоей мечты» и произвести на него впечатление.

- **Смейся над собой**
  Французский комедиант Луи де Фюнес сказал коротко и по делу: *„Смех для души — то же самое, что кислород для легких"*. Умение смеяться над своими ошибками и промахами — очень ценная компетенция. Она расслабляет и дает заряд бодрости. **Не относись к себе слишком серьезно.** Пообещай, что отныне будешь смеяться над собой до упаду. Договорились?

- **Наслаждайся моментом!**
  Мы, люди, склонны слишком много думать о прошлом или уноситься мыслями в будущее. Мы раскачиваемся как маятник между «вчера» и «завтра». Тем важнее для нас учиться жить «здесь и сейчас». Тренируйся жить в моменте, и ты полнее будешь чувствовать жизнь. Солнце будет светить ярче, ветер дуть сильнее, а окружающий мир засияет более яркими красками.

Наслаждайся моментом до того момента, когда он превратится в воспоминание!

Действительно, только от тебя зависит, как ты будешь относиться к счастью и удаче! Люди, которые относятся к себе с любовью, живут с собой в мире и поэтому могут сильнее и чаще испытывать состояние счастья — замечательные примеры для подражания.

Что ты вынесла из описанного? Какой твой вывод?

_____

Ты являешься тем, о чем ты думаешь...
Ты уже слышала о них? **О законах жизни...**
Я знаю, закон — это очень строгое слово, и как только мы слышим его, нам сразу хочется немного поупрямиться. Тем не менее, законы действительно являются канонами, с которыми не поспоришь. И законы жизни — не исключение. В нашей жизни все происходит на базе этих законов, даже если мы о них не знаем. Помнишь «незнание законов не освобождает от...»? Вот именно! Самый основной закон жизни — это закон причины и следствия.

Закон причины и следствия
У этого закона много названий. Например, такие как «закон причинности», «закон кармических связей» и «закон притяжения».

О чем этот закон?
Этот закон говорит о том, что во Вселенной ничего не происходит случайно, что у всего происходящего есть причина. Каждая причина влечет за собой следствие. И наоборот: у каждого следствия есть причина. Выражаясь другими словами: если мы хотим изменить следствие, мы должны изменить причину. В этой связи мне на ум приходят пословицы:

**как аукнется, так и откликнется,
что посеешь, то и пожнешь!**

Тот же закон срабатывает, когда ты утром встаешь «не с той ноги», и потом у тебя не ладится день. Если же ты встаешь с улыбкой и начинаешь день с чувством благодарности, готовая обнять весь мир, то мир в течение дня отвечает на твое объятие.

Что происходит?
Ты решаешь, как будет проходить твой день, а не кто-то другой. Если у тебя плохое настроение, то твоя осанка, мысли, слова и аура «аукают» в лесу, как ужасен твой день, и лес откликается серым днем с грозовыми тучами. Если же ты идешь в лес с улыбкой на лице, позитивными мыслями, лес радостно встречает тебя, и тебе «фартит» на работе, дома, с друзьями.

Не правда ли, это чудесно? Зная, как работает *закон причины и следствия*, ты можешь сама определять, в каком направлении ты хочешь двигаться. И это только один из многих законов жизни. На моей странице в интернете ты можешь прочитать о других законах жизни.

Будь честна с собой. Как ты используешь закон причины и следствия? Бродишь ли ты по жизни под дождем и зябнешь под зонтиком или ты являешься художником-декоратором своей жизни? Что ты вынесла из рассказанного?

_____

Интуиция, чутье и шестое чувство
Слово «интуиция» происходит от латинских слов *intuitio* и *intueor*, означающих *созерцание, пристальное внимание*. Под интуицией, как правило, понимаются нерациональные ощущения и мысли, которые приходят к человеку при взаимодействии с чем-либо или кем-либо мгновенно, перед тем как запускается его мыслительный процесс. Считается, что интуиция — это голос нашего подсознания. Еще ее обозначают «чутьем», «чуйкой», «шестым чувством».

Для меня лично интуиция представляет удивительную способность, мгновенно принять единственно верное для меня решение на базе моих глубоко личных ощущений. Позже оказывается, что это решение было абсолютно правильным.

Ты знаешь, что мы, женщины, пользуемся интуицией намного чаще, чем мужчины? И мы полагаемся на нашу интуицию гораздо чаще, чем мужчины. Интуиция помогает нам, женщинам, справляться с огромным объемом самых разных задач и в общении с разными людьми. В том числе и в общении с нашим партнером, где она нередко играет роль детектора лжи. Интуиция — отличная вещь, во многих случаях надежнее, чем ум. Альберт Эйнштейн выразился по этому поводу так: «*Интуиция — это божий дар, а рациональный ум — верный слуга. Мы создали общество, которое воздает почести вместо бога слуге*».

Разумеется, и у мужчин есть интуиция. Просто она не так сильно развита, как у женщин. Мы все получаем эту способность при рождении, но далеко не каждый человек, к сожалению, развивает ее и пользуется ей.

А, между тем, наша интуиция постоянно посылает нам знаки. Вопрос только в том, принимаем ли мы эти знаки. Для этого нам необходимо жить с настроенной антенной. Когда антенна настроена, выходит так, что за секунду до того, как зазвонил телефон, мы как раз думали о том человеке, который звонит. Или нам вдруг приходит в голову мысль, что одной из наших подруг требуется помощь, и это при личной встрече, действительно, оказывается так.

Интуиция — замечательный радиолокационный приемник, связанный с твоей душой. Она работает всегда и не нуждается в смене батареек. Это еще и абсолютно личный каталог ответов на все твои вопросы. Пользуйся ею!

Интуиция — удивительный дар, перешедший к нам по наследству от наших предков по женской линии. Ее нужно тренировать, и предки делали это. Я им очень благодарна за это! Как видишь, зависит только от тебя, как ты будешь обращаться с твоим радиолокационным приемником. Поэтому спроси себя: как часто ты пользуешься интуицией? Каждый день? В каких случаях она тебе помогает?

_____

_____

СОВЕТ

Чтобы натренировать интуицию и уметь слышать ее голос в любых жизненных ситуациях, пробуй слушать свое сердце каждый раз, когда тебе предстоит принять решение. Задавай вопрос и проси интуицию послать тебе знак, который ты сможешь понять. А после внимательно наблюдай, какие мысли будут приходить тебе в голову, какие ощущения ты будешь чувствовать в теле. Постарайся не оценивать их. Просто наблюдай. А еще лучше — записывай все, что будет приходить в голову.

В моем дневнике счастья, который я веду каждый день, я постоянно уделяю внимание интуиции, выражая ей благодарность за все знаки, которые она мне посылает. Я также задаю ей вопросы в письменном виде и получаю на них ответы в течение следующих дней. Они приходят ко мне в виде озарений или внезапных слов внутреннего голоса.

Конечно, это работает только тогда, когда ты живешь «здесь и сейчас», внимательна к окружающему миру, и твоя антенна настроена на прием шансов и возможностей. Выполняй все эти условия, и твоя интуиция никогда не подведет тебя!

ВЫВОД

_____

Свидание с самой собой

Как ты поступаешь, когда знакомишься с интересным человеком и хочешь узнать о нем больше? Ты проводишь с ним время, задаешь ему вопросы, внимательно слушаешь ответы, наблюдаешь за ним и таким образом составляешь о нем свое мнение. Так? По той же схеме тебе необходимо действовать, если ты хочешь ближе познакомиться с собой, лучше узнать СЕБЯ НАСТОЯЩУЮ!

Разница только в том, что ты уже достаточно много времени провела с собой и полагаешь, что знаешь себя наизусть. Но поверь мне, что это не так! У тебя есть, что рассказать себе. Например, о твоих новых осознаниях, невысказанных желаниях, в которых ты боишься признаться даже самой себе, сногсшибательных идеях, которые ты стараешься забыть, так как от их масштаба идет голова кругом. Да, да, у тебя, несомненно, есть, что поведать себе.

А это означает: Пришло время для того, чтобы посмотреть на себя с новой перспективы! Как это сделать? Очень просто! Начни назначать себе регулярные свидания с самой собой! Организовывай их, планируй! И ходи на них одна! Повторяю: ОДНА!

Может быть, это будет поначалу звучать странно, и ты будешь чувствовать себя неуютно. Не бойся! Сделай первый шаг! Он того стоит! Чем ты рискуешь, что можешь потерять? Всего лишь немного времени. Но ты можешь и выиграть! А именно выиграть то, о чем ты сейчас даже не подозреваешь. Свобода быть собой — этот куш ты сорвешь только, если начнешь посвящать больше времени самой себе. Решайся! Назначь самой себе первое свидание, и ты не пожалеешь.

Подумай, сколько времени ты ежедневно уделяешь себе? Я имею в виду не время на гигиену. А время на размышления о своих желаниях, мечтах и т.д. Может быть, ты уже «ходишь на свидания с самой собой»?

Сколько времени длятся эти свидания?

___

Свидания с самой собой — это отличный повод посмотреть на свою жизнь другими глазами. В своем дневнике счастья ты уже пишешь про успехи на пути к достижению целей, а также про события и людей, которым ты благодарна. На свидании с самой собой ты будешь делать только те вещи, которые доставляют тебе удовольствие. Тем самым ты будешь отдыхать от повседневности и наполнять клеточки своего тела новой энергией. Это будет вдохновлять тебя и давать заряд бодрости.

Чтобы организовать свои свидания именно таким образом, тебе необходимо выяснить, какими вещами, доставляющими тебе наслаждение ты либо *давно*, либо *еще* не занималась из-за нехватки времени. Может быть, ты всегда мечтала спрыгнуть с парашютом или съездить в Париж? Или ты просто хочешь выехать на природу, лечь на траву, широко раскинуть руки и ноги и уставиться в небо, ни о чем не думая? Или просто наслаждаться пением птичек и медленным танцем облаков в небе?

Подумай об этом и запиши все свои мысли:

___

Какие мысли пришли тебе в голову? Ты удивлена? Жизнь многих женщин превратилась в обслуживание потребностей окружающих. Они слепо следуют за теми, кого любят и ценят, осуществляя их мечты. Они не видят, какой колоссальный потенциал талантов и способностей скрыт в них самих. Но они мечтают! Мечтают о лучшей жизни!

Выдели себе время не только для того, чтобы спокойно помечтать, но и чтобы осуществить ту или иную мечту. Человек намного более счастлив, когда он занимается вещами, доставляющими ему удовольствие. Поэтому, на самом деле, настало время начать реализовывать свои мечты. Начни это делать сейчас!

Осознанно запланируй в своем ежедневнике время на свидания с самой собой. Требуй от себя уделить себе время! Потому что ты — самый важный для тебя человек. Скоординируй свои обязанности таким образом, чтобы у тебя получилось выделять себе это время. Все начинается на самом деле с ТВОЕГО РЕШЕНИЯ выделять себе время. Действуй!

Когда у тебя первое свидание с собой?

_____

У тебя сейчас роится куча мыслей в голове? Позволь им роиться как пчелам и начни их записывать! Просто фиксировать на бумаге. Все то, что придет тебе в голову. Заведи такую полезную привычку — всегда имей под рукой блокнотик и ручку, чтобы записывать идеи, которые придут тебе в голову.

Процедуры «велнес и спа» - № 1 в списке удовольствий

Древние греки первыми показали нам, как можно доставлять себе удовольствие с помощью водных процедур. Они подчеркнули, что общение с водой ведет не только к физическому очищению, но и к очищению духовному.

Процедуры «велнес и спа» становятся из года в год все более популярными, особенно среди парочек, которые хотят на выходных расслабиться и понежиться, и группок одиноких подружек, с удовольствием проводящих время в компании.

Мой тебе совет: поставь процедуры «велнес и спа» на первое место в списке твоих удовольствий. Именно! Я имею в виду то, что ты можешь проводить свидание с

самой собой в таких чудесных местах! Это абсолютно легитимно, и ты этого достойна!

Если ты поставишь процедуры «велнес и спа» на первое место в списке твоих удовольствий, ты получишь не только удовольствие, но и пользу! Это очень ценное время для тебя как женщины. Для твоей души и для твоего тела. Когда ты будешь ублажать свое замечательное, верно служащее тебе, тело массажами, ты заново познаешь его и станешь еще больше ценить. Кстати, у меня к тебе спонтанный вопрос:

оцени по шкале от 1 (несильно) до 10 (сильно), насколько сильно ты любишь свое тело?

_____

Исследования показывают, что большинство женщин недовольны своим телом. Либо нос слишком большой, либо ноги слишком толстые, либо грудь слишком маленькая. Что-нибудь постоянно не так… Но успокойся, ЭТО НЕ ТАК!

Твое тело прекрасно и совершенно!

Восприятие твоего тела другими людьми зависит исключительно от твоего отношения к нему. Когда ты начнешь относиться к своему телу с любовью, заботой и благодарностью, постепенно будет меняться и твое восприятие его. А изменение твоего восприятия автоматически повлечет за собой изменение восприятия твоего тела другими людьми.

И совершенно неважно, одежду какого размера ты носишь, XS или XL: если ты будешь комфортно чувствовать себя в своем теле, это будет заметно всем окружающим.

Поставив процедуры «велнес и спа» на первое место в списке твоих удовольствий, ты получишь отличную возможность регулярно достигать равновесия между разумом и телом.

Общайся со своим телом, ублажай его, заботься о нем. И самое главное - **благодари его**! То, что наши ноги несут нас куда-то, как только мы этого пожелаем, не является само собой разумеющимся. Многие люди лишены этой возможности. Чтобы они отдали за то, чтобы иметь здоровые ноги?

Я уже много лет позволяю себе водные процедуры. Это такое наслаждение для души и тела. А сколько новых идей появилось у меня во время такого замечательного отдыха. Когда я в первый раз позволила себе отдохнуть в отеле, и, насладившись процедурами, кушала в ресторане в полном одиночестве, я поймала на себе много женских взглядов. Некоторые из них были сочувственные, но многие — завистливые.

Поэтому: позволь и ты себе водные процедуры. Начни с массажа в велнес-центре недалеко от твоего дома. Как истинная, породистая женщина ты этого однозначна достойна!

Что означает быть *истинной женщиной*?

Это очень интересный и важный вопрос. Существуют ли общепризнанные критерии, на которые можно ориентироваться при ответе на этот вопрос? Или все это индивидуально?

Мои исследования этого вопроса показали мне, что четкого определения *истинной женщины* на сегодня не существует! Каждая женщина понимает под выражением «истинная женщина» нечто свое. Я разговаривала на эту тему с совершенно разными женщинами из различных культур и в результате составила список качеств истинной женщины. Итак, *быть истинной женщиной* означает:

- с достоинством продолжать жизнь моих предков по женской линии;
- пользоваться свободой делать то, что мне нравится;
- быть одновременно и сильной, и слабой;
- дарить жизнь;

- исполнять различные роли (дочь, мать, жена и т.д.);
- раскрыть свой творческий потенциал;
- раскрыть мою загадку и показать ее миру;
- любить себя со всеми своими недостатками на 100%;
- быть одновременно сильной как львица и кроткой как ягненок;
- дарить бесконечную, сильную любовь;
- найти источник своей живительной силы и подключиться к нему;
- чувствовать себя комфортно в своем теле такой, какая я есть;
- иметь гармонию между своим «внутренним мужчиной» и «внутренней женщиной».

Высказывания женщин, которых я опросила, носят индивидуальный характер, поэтому столь «разношерстным» получилось и определение истинной женщины. И, тем не менее, есть кое-что, что их объединяет: на этот вопрос невозможно ответить «правильно» ни «неправильно». А теперь ответь и ты на вопрос: что означает для тебя *быть истинной женщиной*?

_____

_____

Тебе легко далось это упражнение? Вполне возможно, что ты затруднилась ответить на этот вопрос. Это нормально. Тогда подумай об этом позже, на досуге. Записывай свои мысли. И договорись с собой, к какому сроку ты подготовишь для себя окончательный ответ на этот вопрос.

Также спроси себя, по каким критериям ты определяешь истинную женщину. И по каким критериям ты оцениваешь себя. Помни, что это твои личные критерии, что нет «правильных» и «неправильных» критериев. Обязательно запиши их:

_____

Кроме того, это нормально, что твои критерии могут со временем меняться. **Ничто не стабильно так, как изменения.** Помни, что ты постоянно меняешься. Поэтому не относись к себе слишком строго и позволь себе менять свое мнение всегда, когда тебе это будет нужно.

Каков твой вывод?

_____

Насколько в тебе проявлена истинная женщина?

После того, как ты прописала для себя свое собственное определение истинной женщины, спроси себя: На сколько процентов ты раскрыла свой потенциал истинной женщины? Поставь себе оценку по десятибалльной системе. Будь честна с собой: _____

Признаться, я в первый раз задала себе этот вопрос аж в 32 года и оценила себя на четверочку. Вопрос, который я себе тогда задала, звучал так: «*Какие критерии истинной женщины имеют для меня значение, и насколько я им соответствую?*»

Тогда я осознала, что написанные мною критерии истинной женщины удивительным образом совпадали с критериями окружавших меня мужчин. Главным из них были сексуальность и желанность, и этим критериям я соответствовала. Я смутно догадывалась, что должны быть еще какие-то критерии, но не знала, какие именно… Осознание того, что я не сразу могла их назвать, было для меня отрезвляющим.

Мне, действительно, было, чему поучиться. Я реально не знала, по каким критериям мне оценивать свою женственность. Единственное, в чем я была уверена — что это не мой рост, вес и то, как смотрят на меня мужчины. Чем больше я размышляла на эту тему, тем очевиднее для меня становилось одно:

женственность — это внутреннее состояние женщины!

Я начала исследовать этот вопрос и тем самым открывать себя заново. При этом мне часто приходилось игнорировать мнения окружающих по этому поводу. Это было нелегко сделать, так как многим не нравилось, что я училась и менялась. Но я не сдавалась и шла вперед к моим целям!

Все начинается с осознания! С нейтрального описания исходной ситуации, в которой ты находишься, и постановки цели. Чтобы прийти из пункта А в пункт Б, необходимо понимать, что представляют собой оба этих пункта. Тогда можно посмотреть, какие ресурсы нужны для путешествия. Поэтому не медли. Опиши свою исходную ситуацию, пункт А, и подумай, насколько ты хочешь раскрыть свою женственность? Прими решение меняться!

Ты чувствуешь, что после того, как ты приняла решение меняться, тебе стало легче дышать? Ты осознаешь, как это волшебно — чувствовать себя женщиной?

Раскрой в себе истинную, породистую женщину!

В женщинах скрыто огромное количество талантов и способностей. Раскрыв их, женщины высвобождают столько мощной живительной энергии и любви, что становятся способными свернуть горы! Мало того: в них есть и огромный запас энергии на их раскрытие! Один только энтузиазм матери, спасающей своего ребенка из опасной ситуации, чего стоит! О да… во всех нас, женщинах, подспудно бурлит эта невероятная энергия *породистой женщины*!

Осознание этого — огромный шаг на пути к преображению. Ты — замечательное создание! Чистая любовь! Мощный поток энергии, вулкан страсти! **Ты — породистая женщина!** Убавь громкость звука голоса твоего «внутреннего критика» и включи на полную мощность голос своего сердца. И действуй! Ты здесь. Ты сейчас. То, что происходило вчера — уже в прошлом. То, что произойдет завтра — твое будущее. И за твое будущее отвечают твои сегодняшние действия.

Мы не в силах влиять на то, что было вчера, но мы можем сегодняшними действиями программировать наше будущее.

Поэтому спроси себя: как долго ты намерена скрывать сокровище, спрятанное внутри тебя? Свою страсть, свою женскую энергию! Как долго ты будешь противиться своему желанию стать свободной?

___

Стань той женщиной, которой ты рождена! Стань свободной!

Я знаю, твои гены породистой женщины, часто пугали тебя в прошлом своим бурным проявлением. Но они же и показывали тебе одновременно, на что ты способна!

Верни себе свою силу, энергию, жажду жизни — все то, что было дано тебе от рождения! Все то, что томится в каждой клеточке твоего тела и ждет своего часа! Поблагодари всех наших предков по женской линии и возвеличь свой род! Посмотри в зеркало и прими в себе амазонку, породистую женщину! Это тоже ты! Раскрой в себе весь потенциал истинной женщины!

Прими решение больше не скрывать эту часть себя. проявиться! Ты хочешь вывести ее на сцену, показ публике? Когда?

___

Пять важных тезисов и осознаний, которые ты вынесла из этой главы:

Твое тело — это твой дом

Твое тело — чудо природы! Совершенный и уникальный механизм, созданный матушкой природой таким образом, что с ним не сравнится ни один компьютер. Давай внимательно посмотрим на твое замечательное тело:

Обескураживающие факты о твоем теле:
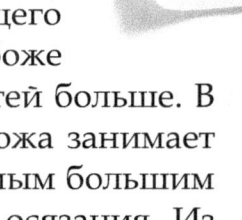
Твое тело состоит на 60 – 80% из воды (в зависимости от возраста). Твой скелет составляет 12% от твоего общего веса и включает в себя 300 костей и 100 суставов. О боже — в младенческом возрасте у тебя было на 350 костей больше. В процессе жизни некоторые кости срослись. Твоя кожа занимает по площади 1,5 - 2 квадратных метра и является самым большим и, одновременно, самым чувствительным органом осязания. Из всех твоих 656 мышц, мышцы челюсти являются самыми сильными.

Одно это уже впечатляет! А знаешь ли ты, что длина твоего желудка - 5.5 – 7.5 метров? И что длина всех твоих нервных волокон — 780000 километров? Это расстояние до луны и обратно. Вот это дистанция! Кроме этого, ты ежегодно теряешь 3 килограмма клеток тела. Это означает, что твоя кожа полностью обновляется каждый месяц! Твоя желудочная кислота настолько сильная, что в ней могут растворяться лезвия бритвы. К счастью, у тебя есть стенки желудка, которые способны предотвратить подобный ущерб. Ты чихаешь со скоростью 160 км/ч, а твое сердце совершает ежегодно 33000000 ударов.

Кроме этого, согласно исследованиям, в женском теле находится гораздо больше нервных окончаний, способных воспринимать вкус. Поэтому женщины от природы являются лучшими сомелье. Клитор женщины снабжен 8000 нервных окончаний, что в два раза больше, чем имеет головка полового члена. *(Источник: www.watson.com)*. О чем говорит нам все это? Твое тело —

настоящее чудо природы!

Твое тело — настоящее сокровище

Ты задумывалась о том, какое сокровище представляет собой твое тело? Какой удивительный инструмент дан тебе для наслаждения жизнью всеми органами чувств?

Строго говоря, твое тело является твоим единственным имуществом. Если ты можешь назвать свой дом своим, то он теоретически действительно является твоим. Логично! В конце концов, у тебя есть соответствующие документы, а на двери красуется табличка с твоим именем. Но смотри! В отличие от тела ты не носишь с собой свой дом 24 часа в сутки 364 дня в году!

Факт тот, что многие люди не осознают, каким сокровищем они обладают. Они воспринимают тело как должное и не считают нужным благодарить его за все те услуги, которые оно нам ежедневно оказывает. Напротив, этот удивительно продуманный механизм, эта мудрая система, еще и постоянно критикуется!

Что приходит тебе на ум, когда ты слышишь слово «*сокровище*»? Сундук с монетами? Комната, полная золотых монет? Твой любимый мужчина? Мы, люди западного мира, как правило ассоциируем слово «сокровища» с такими материальными ценностями, как монеты, деньги, золотые слитки, украшения.

Но, строго говоря, твоим единственным сокровищем является твое тело. Твое тело — то самое сокровище, которое позволяет тебе наслаждаться жизнью! Ни гора золотых монет, ни перстень с шикарным алмазом не заменят тебе тех эмоций, которые способно дарить тебе твое тело!

К сожалению, люди часто осознают это только когда заболевают.

Ты осознаешь, каким сокровищем является твое тело?

_____

Ты — казначей своего тела. У тебя есть только это тело, и оно удивительно и уникально. Оно является неотъемлемой частью тебя и поэтому это нечто, абсолютно особенное. И это неоспоримый факт!

Насколько комфортно ты чувствуешь себя в своем теле?
По-другому выражаясь, насколько ты довольна своим телом, своей фигурой, своим внешним видом? Оцени это по десятибалльной шкале ___. Напиши, пожалуйста, что тебе нравится в твоем теле?

_____

_____

Как ты себя чувствовала, отвечая на этот вопрос? Пришли ли тебе в голову сначала только недостатки? Жировые складки, морщины, целлюлит. Мы, люди, склонны в первую очередь видеть недостатки, вместо того, чтобы концентрироваться на достоинствах. Только от тебя зависит, какого ты о себе мнения!

Один опрос показал, что 90% женщин недовольны своим телом. Это число пугает и настораживает! В чем причина? В том, что женщины сравнивают себя со знаменитостями с обложек глянцевых журналов? В мае 2018 телешоу «Будущая топ-модель Германии» транслировалось частным телеканалом уже в тринадцатый раз. Это означает, что интерес к этой теме не угасает! При этом нужно отметить, что критерии, предъявляемые к внешности моделей, до сих пор очень строгие. И девочки, чтобы влезть в одежду размера XS-S, нередко используют опасные для здоровья методы, грозящие возникновением анорексии и булимии.
Кроме того, с пестрых рекламных плакатов нам улыбаются

модельные внешности, ничего общего не имеющие не только с внешностями реальных женщин, но даже и с реальными внешностями этих моделей. Все эти плакаты, образно выражаясь, являются предметами искусства, фантазиями графических дизайнеров, пользующихся новейшими компьютерными программами для коррекции картинок. Печально, когда женщины с плакатов, с искусственно удлиненными ногами, уменьшенными бедрами и нереально безупречной кожей, становятся кумирами для подражания реальных девочек-подростков.

СОВЕТ

Именно поэтому премьера австралийского документального фильма „*Embrace*", в котором смелая женщина Taryn Brumfitt исследует влияние западных эталонов красоты на здоровье и самочувствие женщин и рассказывает свою личную историю, стала в Германии сенсацией. В первый же день кинотрансляции (в мае 2017 года) фильм вышел на первое место в рейтинге самых успешных фильмов кинопроката (*источник: www.wikipedia.de*).

Я рекомендую посмотреть этот фильм всем женщинам. Он разрушает стереотипы о том, что каждая женщина должна быть стройной и выглядеть молодо, показывает, что в каждой женщине есть свое собственное обаяние! Автор фильма в деталях рассказывает, как она пришла к осознанию *«что даст тебе совершенное тело, если ты при этом несчастлива?»*. Это осознание перевернуло ее жизнь с ног на голову. Целью фильма является изменение мышления женщин, их отношения к собственному телу.

Какими средствами можно постоянно поддерживать позитивное восприятие своего тела? Я приведу несколько советов:

- **Освободись от негативного мнения о себе и своей фигуре!**
  Чем позитивнее ты будешь обходиться с собой, тем позитивнее ты начнешь относиться к своей внешности.

- **Относись к себе с любовью!**

    Осыпай, обливай себя любовью! От всего сердца улыбайся своему отражению в зеркале. Каждый день делай что-то, что приносит тебе радость.

- **Стань своей лучшей подругой!**

    Относись к себе так, как ты относишься к своей лучшей подруге. Прими себя такой, какая ты есть. Ты совершенна такая, какая ты есть!

- **Пиши себе любовные письма, отправляй любовные послания…**

    … именно! Вписывай в свой календарь любовные послания себе, положи в свой кошелек записку с объяснением себе в любви, расставь по дому карточки с комплиментами себе: «ты классная!», «ты просто супер!», «ты — красавица», «у тебя обалденная фигура», «я тебя люблю!».

- **Смейся! И особенно над самой собой!**

    „День без смеха — пропащий день". **Смейся каждый день, хохочи, ржи, без комплексов и задних мыслей! Смейся над самой собой, своими промахами, своими слабостями, своими недостатками!** Чем больше ты будешь смеяться над собой, тем меньше ты будешь испытывать стресса из-за повышенных требований к себе и ложных ожиданий, тем больше ты будешь себя уважать.

    Ты совершенна такая, какая ты есть.

Здоровье — твое самое большое богатство

И эта, старая как мир, истина, действительно, истинна. Будет ли богатство иметь большое значение, когда появятся проблемы со здоровьем? Когда на повестке дня возникают опасные болезни, мы спохватываемся и вспоминаем мудрые советы: *заботься о своем теле, оно — твое единственное реальное имущество, оно - дом, в котором ты постоянно живешь!* Ни одна люксовая вилла, ни один дом на берегу моря не заменят тебе твое тело! Холь и лелей свое тело! А забота о своем здоровье должна быть направлена на поддержание гармонии между душой, телом и разумом.

Как ты заботишься о своем теле, душе и разуме?

Тело: _____

Разум: _____

Душа: _____

Ты довольна своими ответами? Ты осознаешь свой потенциал развития? Что еще ты можешь сделать для укрепления твоего здоровья?

Давай посмотрим, как можно привести эти компоненты в баланс? Ты должна давать своему уникальному телу достаточно сна, разнообразной пищи и много движения, в том числе и спорта. К тому же, спорт воздействует не только на твое физическое тело, но также благотворно влияет на тебя на ментальном уровне, повышает твою самооценку. Чтобы активность твоего ума оставалась на высоком уровне, читай много книг, проходи когнитивные тренировки (например, играй на музыкальном инструменте) и тренировки мозговой активности. Постоянное общение с людьми творит чудеса! Оставаться эмоционально стабильной тебе помогут следующие привычки:

- тренируйся концентрировать свое внимание на том, что с тобой происходит прямо сейчас, в настоящий момент;
- мысли позитивно (у всего есть позитивные аспекты);
- воспринимай себя как уникальное и особенное создание;
- тренируйся пребывать в эмоционально стабильном состоянии (например, с помощью медитаций);
- не осуждай других людей и не завидуй им, учись у них;
- смейся каждый день!

Уинстон Черчилль подытожил эти советы так: *„Делай добро для* *своего тела, чтобы душа хотела в нем жить"*. Каков твой вывод?

_____

Встречают по одежке...

Это знаменитое высказывание принадлежит поэту Готфриду Келлеру. Он имел в виду то, что одежда во все времена была визитной карточкой человека, описанием того, что человек собою представляет. И хотя это высказывание и вошло в спорную пословицу «встречают по одежке, а провожают по уму», никто не отменял значение первого впечатления.

Представь себе следующую сцену: мужчина в грязной поношенной одежде идет по пешеходной зоне, шатаясь, и, наконец, падает. А теперь представь себе, как то же самое происходит с мужчиной в безупречном дорогом костюме. Какому из двух мужчин скорее подадут руку помощи?

Логично: вокруг мужчины в безупречном дорогом костюме тут же соберется группа людей, желающих ему помочь. Тогда как мужчине в грязной поношенной одежде помощь окажу не столь быстро и не столь охотно.

Почему так происходит? Люди составляют свое впечатление об увиденном в течение первых нескольких секунд. Это происходит неосознанно. И это неоспоримый факт!

Поэтому в нашем западном обществе одежда имеет большое значение. Тон задают модные коллекции, выпускаемые два раза в год и включающие в себе не только одежду, но и аксессуары и прически. Это огромный бизнес! Как женщины, так и мужчины, придерживаются моды и регулярно обновляют свой гардероб. Они же хотят быть в тренде! Кроме этого постоянно обновляются своды манер поведения, так называемые «книгге» (прозванные так по имени немецкого писателя Адольфа барона фон Книгге, впервые издавшего книгу этикета в 1788 году).

Что все это значит для тебя, как истинной, породистой женщины? Есть ли универсальные правила, которым тебе нужно следовать? Должна ли ты заставлять себя носить каблуки и платья-футляры? Как, по твоему мнению, должна одеваться истинная, породистая женщина?

_____

_____

Я могу сказать по этому поводу только одно:

**носи только ту одежду, которая тебе идет!
Ту одежду, в которой ты себя чувствуешь комфортно!
Чем лучше ты себя будешь чувствовать,
тем скорее ты поверишь в то, что ты
действительно являешься породистой женщиной! Точка!**

Что это означает? А то, что если ты с удовольствием носишь туфли на каблуках и платье-футляр, носи их! Если тебе нравится спортивный стиль, то одевай свитер с капюшоном и сникерсы. Без проблем! Главное, чтобы вещи, в которых ты себя чувствуешь комфортно, одновременно подчеркивали твою индивидуальность и уникальность! Это называется *аутентичностью* - когда твоя одежда является твоим продолжением и находится с тобой в гармонии.

Ты нашла свой стиль? Ты осознаешь свой стиль? В какой одежде ты чувствуешь себя комфортно? Женственно? Аутентично?

_____

_____

_____

Чем больше ты будешь понимать свой стиль, тем лучше ты

будешь себя чувствовать. И неважно, что будут говорить о тебе другие люди. Главное — чтобы ты чувствовала себя отлично! Руководствуйся девизом: **моя одежда — это выражение моей индивидуальности!**

Спорт — это жизнь

Любая форма физической активности позитивно влияет на наше самочувствие! Наше тело не предназначено для того, чтобы целый день сидеть за письменным столом или лежать на диване. Ему нужно движение и свежий воздух, которые учащают пульс. Иначе мы становимся ленивыми и пассивными. Пробежка не только улучшает наше самочувствие и укрепляет мышцы, но и дает разгрузку мозгу. Во время пробежки мы отпускаем накопленный за день стресс, и в голову приходят новые идеи.

Многочисленные исследования показывают, что спорт делает нас еще более счастливыми, так как во время физической активности выделяются так называемые «гормоны счастья» эндорфин, дофамин и серотонин. Это — дополнительная причина интегрировать спорт в повседневную жизнь. Есть еще и другие причины. Спорт:

1. сжигает жир (*без комментариев!*);
2. является профилактикой высокого давления (*это очень хорошо!*);
3. увеличивает мышцы (*просто песня!*);
4. укрепляет сердечно-сосудистую систему (*способствует здоровью!*);
5. делает счастливой (*ну, а это, разумеется, самое главное!*).

Короче: тот, кто двигается, тренирует свое тело и дух!

Благодаря спорту увеличиваются не только твои мышцы, но и растет твоя самооценка. Спорт делает тебя эмоционально более уравновешенным, улучшает твою мозговую активность.

Как ты относишься к спорту? Спорт является неотъемлемой частью твоей жизни? Какой физической работой ты занимаешься регулярно?

_____

_____

К каким осознаниям ты пришла, отвечая на эти вопросы? Ты довольна своими ответами? Или ты видишь, что могла бы посвятить спорту больше внимания? Если да, то какими видами спорта ты хотела бы заняться?

_____

На сегодняшний день существует огромное количество видов спорта. В одной только Википедии перечислены 200 видов спорта. И каждый год на свет появляются новые виды спорта. С чего начать? От огромного выбора кружится голова?

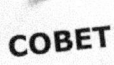

Не паникуй! Неважно, с какого вида спорта ты начнешь. Главное — чтобы ты осознанно и регулярно двигалась, чтобы твое тело и твой дух были здоровыми, а ты была счастлива.

Чем здоровее твое тело, тем больше радости испытывает твоя душа, пребывая в нем!

Кстати: Есть еще один вид спорта, увеличивающий твое сердцебиение и приводящий твое тело и дух в экстаз. Ты чувствуешь, куда я клоню? Тогда читай следующую главу!

Пять важных тезисов и осознаний, которые ты вынесла из этой главы:

Насколько ты реализуешься в сексуальной жизни?

Сексуальная реализация крайне важна в нашей жизни. Сексуально удовлетворенная женщина счастлива, эмоционально уравновешенна и полна творческих идей. Вопрос заключается в том, осознаешь ли ты это и стремишься ли к сексуальному удовлетворению? Или у тебя есть в этом плане «пробел», который ты была бы не прочь заполнить.

Секс в обществе

Всякий раз, когда я слышу утверждение, что мы, в нашем двадцать первом веке, очень открыто обращаемся с нашей сексуальностью, я ухмыляюсь, вспоминая древних римлян и греков. Вот те, действительно, реализовывали себя, как говорится, на полную катушку. Они запечатлевали это в своих произведениях искусства, и поэтому мы знаем наверняка, что тогда мужчины открыто занимались сексом с мужчинами, не зависимо от того, состояли ли они в браке с женщинами и были ли отцами. Женщины не отставали в этом плане от мужчин, и никто не осуждал их за это. Напротив, это было даже модно и полностью вписывалось в повседневный уклад жизни. Древние римляне любили роскошные пиры, на которых было позволено все. Мы можем смело сказать, что наши современные свингеры, групповой секс и бисексуальность уходят истоками туда.

Кроме того, на следы открытости в сексуальном плане мы натыкаемся, занимаясь и другими культурами в другие времена.

В наше время, в двадцать первом веке, мы, люди западного общества, действительно, достаточно открыто относимся к проявлению сексуальности. Хотя каких-то несколько десятков лет назад никто даже подумать не мог, что в 2016 году песня одетого в платье гомосексуалиста с пышной гривой и густой бородой займет первое место на Евровидении. Это был огромный успех для сексуальных меньшинств. Несмотря на многочисленные голоса критиков, это решение отпраздновали во многих странах.

> **!** Интересно и то, что наши чиновники демонстрируют все большую открытость в этих вопросах. В Голландии однополые браки разрешены с 2000 года, в Германии — с 1 января 2017 года, в Австрии — с 1 января 2019. И это радует. Так же как радует факт разрешения гомосексуальным парам усыновлять и удочерять детей.

Хотя можно понять и то, что такой ход развития приветствуется не всеми. Изменения всегда требуют времени и терпения. Чтобы возникло что-то новое, должно уйти старое. Старые, привычные схемы мышления должны многократно проявить свою несостоятельность, прежде чем их место займут новые модели восприятия мира. В любом случае, мы можем смело сказать, что идем по стопам древних римлян и греков.

Моногамия и полигамия

Во многих культурах полигамия является абсолютно легитимной. В нашем обществе, напротив, легитимной считается моногамия, а полигамию осуждают и называют проявлением эгоизма. Любопытно, что, несмотря на это, многие мужчины нашего общества относятся к полигамии положительно.

Семь из десяти опрошенных мною мужчин ответили на вопрос, хотят ли они заниматься сексом с разными женщинами, утвердительно. Мы видим проявление мужского «эго», инстинкта охотника. Это ни хорошо, ни плохо, это — факт. Развитие мужчины идет таким путем. Для мужчин, самоутверждающихся посредством завоевания женских сердец, полигамия представляет собой шанс, открыто показать миру свою мужественность и сексуальную привлекательность.

А что же мы, женщины?
Среди нас, женщин, есть такие, которым при одной только мысли о полигамии становится дурно. Они настроены на гармоничный союз с мужчиной своей мечты, и даже представить себе не могут, что их драгоценный будет иметь дело с несколькими женщинами. Речь идет об абсолютном табу. Почему? Да потому что они сами ведут себя соответственно. Они хранят верность своему супругу и требуют от него взамен того же самого. Точка.

Но есть среди нас, женщин, и такие, которых мысль о сексе с разными мужчинами очень даже возбуждает. Очень мало женщин действительно реализуют свои фантазии. И если они это делают, то втайне от друзей и окружения.

Но постой: Действительно ли это так предосудительно? Для женщины, все-таки, да. Потому что и по сей день в обществе главенствует интересное мнение. Мужчину, увивающегося за женскими юбками, с улыбкой именуют Дон Жуаном, а женщину же, ведущую себя подобным образом, презрительно обзывают вертихвосткой. Не это ли является причиной осторожности женщин в этом вопросе?

Кроме того, женщины по своей природе любят гармонию в отношениях и неохотно идут на конфликт. Они очень чувствительны к эмоциональным проявлениям их окружения и стараются сделать все возможное, чтобы окружающие чувствовали себя рядом с ними хорошо. При этом они часто забывают о своих потребностях.

Положа руку на сердце: ты когда-нибудь хотела иметь секс с несколькими мужчинами? Были ли у тебя подобные фантазии?

О, ты думаешь, что это предосудительно? Так нельзя? До чего ты докатилась? Подумай о том, что эта книга — твоя личная рабочая тетрадь. Она принадлежит только тебе. И поэтому в ней ты можешь честно ответить на этот вопрос.

Нет ничего предосудительного в том, что у тебя есть интересные сексуальные фантазии. Огромное количество женщин фантазирует. Фантазирует, но не реализует свои фантазии. На это есть множество причин.

Главное — чтобы ты осознала свои сексуальные желания и подумала, хочешь ли ты их реализовать. Важно, чтобы ты была честна с самой собой. Ведь речь идет о **твоей жизни**!

Какой твой вывод? Чему ты научилась?

_____

Изменять или не изменять... вот в чем вопрос

Меня не устает удивлять количество измен в парах. Разумеется, «лучшая половина» не должна ни о чем догадываться. И правда, действительно, всплывает редко. Еще и потому, что «лучшая половина» тоже не совсем хранит верность. В этой связи интересен факт того, что то, что партнеры тщательно скрывают друг от друга, со стороны видно как на ладони.

При этом очевидно и то, что все актеры в отношениях несчастны, что они не реализуются там полностью. Но вместо того, чтобы вдумчиво и серьезно проанализировать, где в отношениях существуют «пробелы», просто предпринимаются скоропалительные действия. Несчастные наивно полагают, что любовник или любовница смогут снова сделать их счастливыми, то есть, по сути, делать то, что «перестал» делать законный партнер. Что измена только усугубляет ситуацию, все понимают, когда уже поздно. Иллюзия того, что счастье с новым партнером возможно, улетучивается вместе с однажды заканчивающим выделяться адреналином, сопровождающим тайные, запретные действия.

О чем речь? О том, что делать для того, чтобы испытывать счастье? О том, что делать для того, чтобы чувствовать себя любимой и желанной? Неужели, изменять? А ведь все обычно начинается с безобидного флирта. И заканчивается изменой. Тяжесть последствий флирта, к сожалению, не всегда осознается заранее. Хотя, на самом деле, все закономерно. Мы снова видим закон причины и следствия в действии.

Что же делать в такой ситуации? Должны ли партнеры расстаться друг с другом, прежде чем они начнут отношения на стороне? Или, может быть, для этих партнеров просто не подходит моногамия как образ жизни? На эти скользкие вопросы каждая женщина должна ответить себе сама. Здесь нет универсальных ответов.

Важно то, как ты относишься к себе. Есть ли у тебя нереализованные сексуальные фантазии, о которых ты не рассказываешь своему партнеру? Хочешь ли ты реализовать их со своим партнером или с другим мужчиной? Или с несколькими мужчинами? Откройся себе самой и запиши свои мысли по этому поводу.

Какие мысли пришли тебе в голову? Помни, что это твоя личная рабочая тетрадь, которой ты можешь довериться. И, пожалуйста, не осуждай себя.

_____

_____

Каков твой вывод? Чему ты научилась?

Просвещение… О чем я уже давно хотела знать

Просвещение всегда было скользкой темой. И остается до сих пор. Я принадлежу еще к поколению женщин, выросших на немецком журнале для подростков «*Браво*». Там работала некая госпожа Зоммер с кандидатской степенью. Эта госпожа регулярно отвечала на вопросы любопытных подростков на темы секса, первого секса, влюбленности, отношений, телесного развития. Да, в то время мы еще писали ей настоящие письма от руки и кидали их в почтовый ящик. А потом с нетерпением открывали каждый новый номер журнала на рубрике «О чем я уже давно хотела знать» и искали ответ на свой вопрос. Само собой, вопрос публиковался анонимно. Нас, таких «анонимщиков», были тысячи! Сегодня это может выглядеть странным, но тогда было мало книг на эти темы и других ресурсов, из которых можно бы было получить нужную информацию. По идее, можно было спросить об этом взрослых, но мало, кто из нас это делал.

Нашим родителям было неудобно говорить с нами на такие темы. Они не знали, как это делать, потому что сами в свое время не получили соответствующих разъяснений от своих родителей, поколения участников войны. Я помню, как в нашем школьном расписании вдруг появилась сексология. Мы были тогда в четвертом классе. Наш мужественный и очень заинтересованный в передаче знаний учитель стоял с красным лицом у доски и пытался серьезным тоном объяснить нам отличия мужчин от женщин. Отовсюду раздавались хихиканья. Как только он проектором высветил на экран картинки мужских и женских половых органов, класс стал сотрясаться от хохота. На том эксперимент и закончился. Сексология была навсегда вычеркнута из нашего расписания, и нам оставались только ответы госпожи Зоммер и рассказы старших более опытных подружек.

Считается, что сегодня дела с этим обстоят лучше. Потому что много знаний доступно в интернете. Потому что сексология является неотъемлемой частью школьной программы. И, тем не менее, исследования показывают, что это не так. Например, известно, что многие подростки думают, что эякуляция в женщину во время купания не может привести к зачатию. И это подтверждает и статистика, констатирующая слишком большое количество детей, рождаемых подростками в возрасте от 13-17 лет.

СОВЕТ

Поэтому задача просвещения до сих пор остается задачей родителей. Они должны понятно и доступно объяснить своим детям, как происходит оплодотворение и предохранение, и проверить, в состоянии ли их ребенок применять полученные знания. При условии, конечно, что родители сами в курсе, как и что происходит. Мы, женщины, должны с закрытыми глазами уметь объяснять, какие фазы проходит наш менструальный цикл и как выглядят наши половые органы, потому что все это является неотъемлемой частью нас.

Если ты сейчас поймала себя на мысли, что ты не очень осведомлена в этой теме и сидишь размышляешь, где в интернете можно добыть достоверную информацию, успокойся. Ты такая не одна. Таких женщин много. В приложении к этой книге ты найдешь схемы устройства женских и мужских половых органов (не помешает) и описание менструального цикла.

Тело женщины на самом деле является настоящим сокровищем, от рождения снабженным механизмом самовоспроизводства. Ни один прибор, ни один компьютер и ни один мужчина этого не могут! На это способны только женщины! Все мы, женщины, - Пабло Пикассо и Леонардо да Винчи, так как творим настоящие произведения искусства, новых людей! Об этом все время необходимо помнить.

Посторонним в…

Предпосылкой сексуальной реализации является исследование своего тела. И конечно, умение удовлетворять себя самостоятельно! Потому что, если ты сама себя не знаешь, как может знать тебя кто-то другой?! Как мужчина сможет догадаться, что и как тебе нравится, если ты сама этого не знаешь?! Поэтому выдели себе время на это исследование! И неважно, сколько тебе лет! Сделай это! Твое тело — молочная река с кисельными берегами и… ну, ты ведь помнишь эту сказку? Чего там только нет… Исследуй все это! Испытай все богатство эмоций, которое способно испытывать твое тело! Ведь для этого оно создано, оно только и ждет этого!

- **Выдели себе время**
  На исследование тебе понадобится время. Выдели себе это время. Позволь себе никуда не торопиться. Планируй такое время для себя несколько раз в неделю.

- **Проинформируй себя**
  Прочитай, как устроено женское тело, как происходит возбуждение. На следующей странице я дам несколько советов на эту тему. Ознакомься с ними и используй их.

- **Выбери укромное место, где тебе никто не помешает**
  Чтобы действительно отключить мозг и отдаться игре воображения и телесным ощущениям тебе потребуется место, где ты сможешь уединиться. Хорошо, если это будет помещение с замком на двери.

- **Доверься своему телу**
  Не стыдись своего тела. Оно способно испытывать ощущения, могущие повергнуть тебя в экстаз. Положись на свои ощущения и исследуй себя без стыда.

- **Продукты гигиены для создания расслабляющей атмосферы**
  Воспользуйся широким ассортиментом расслабляющих

средств. Например, ароматными маслами. Они шикарно пахнут и воздействуют на твою кожу! Кроме того, активировав твою систему обоняния, они повысят твою чувствительность!

- **Попробуй что-нибудь эдакое**
  Ты хочешь новизны в сексе? Но боишься? Ты хочешь поэкспериментировать, но не знаешь, как и где? Есть масса разных вариантов: свингеры, однополый секс, секс втроем, БДСМ и т.д. Интернет откроет тебе двери! Еще никогда не было столь просто найти людей со схожими интересами. Зависит только от тебя, как ты воспользуешься предоставленной информацией.

  Внимание: не теряй голову! Доверяй, но проверяй! Проверяй, насколько серьезно заведение, куда ты отправляешься, можно ли доверять людям, с которыми ты имеешь дело. Тогда твоему удовольствию ничто не помешает!

- **Сексуальные игрушки**
  Хочешь попробовать сексуальные игрушки? Почему нет? Посмотри, какой шикарный ассортимент предлагают не только такие секс-шопы как Beate Uhse, но и интернет-магазины, где можно купить игрушки анонимно! Попробуй!

- **Отключить голову**
  Обязательным условием полной реализации себя в сексе является умение отключать голову. Оставь за бортом все, что тебя сдерживает, и доверься своему телу. Доверься тому, что твое тело знает, чего оно хочет. Оставь сомнения и чувства стыда и вины. Позволь своей страсти и похоти овладеть тобой, и ты заново откроешь для себя свое тело. Человеческое тело с его тысячами клеток — настоящий кладезь ощущений и чувств, которые ярче всего проявляются именно в движении и одаривают волнами незабываемых эмоций!

Просто попробуй!

Какой сексуальный опыт у тебя уже есть?

У каждого человека — свой сексуальный опыт. У одних он ограничивается игрой в песочнице с понравившимся мальчиком, тогда как другие поиграли в большее количество игр и с более разнообразными игрушками. При этом не столь важно, сколько партнеров довело тебя до экстаза, сколько то, какой опыт сексуальных переживаний сохранило твое тело.

Многие женщины подтвердили мне, что «свидание на одну ночь» - самая легкая форма отношений, если она действительно ограничивается сексом. Причина очевидна: в этом случае оба любовника знают, что речь идет исключительно о сексе и получении удовольствия. У обоих одна и та же цель. И к достижению ее оба идут без компромиссов! Без расспросов, без обещаний и планов на будущее. Разговаривают только тела, и в таком общении легче рассказать о своих тайных фантазиях и воплотить их в жизнь, не оценивая и не осуждая ни себя, ни любовника. Это очень интересный опыт, который при обоюдном согласии является еще одним шагом к познанию себя.

Совершенно другое — «занятие любовью» с человеком, к которому ты испытываешь глубокие чувства, любовь. В этом случае эти чувства становятся во время секса во много раз интенсивнее и могут — при полном доверии партнеру — перерасти в абсолютный экстаз, который партнеры будут стремиться переживать снова и снова.

А теперь спроси себя, есть ли у тебя пропасть между сексуальными желаниями и реально пережитым сексуальным опытом? О чем ты мечтаешь? Чего ты себе желаешь? Обрати внимание, что отвечая на эти вопросы, ты не должна себя оценивать. Это твоя рабочая тетрадь, в которой ты пишешь все то, что тебе кажется сейчас важным. И ты делаешь признания исключительно себе самой.

_____

_____

Чего хочет твое тело? К чему стремится?

_____

Если тебе будет трудно сразу ответить на эти вопросы, ты можешь сделать это позже. Подумай на эту тему хорошенько. Если ты долго игнорировала эту тему, тебе будет непросто вспомнить свои фантазии. Не переживай. Прочитав выше написанное, ты уже дала своему мозгу задание активировать нужную информацию. Осталось только внимательно наблюдать за собой и происходящим и всегда иметь под рукой блокнотик и ручку для записей. Не ленись, записывай все, что приходит в голову. Чем больше пометок ты сделаешь, тем четче в итоге перед тобой предстанет картина твоих сексуальных желаний.

Каков твой вывод? Чему ты научилась?

_____

Секс... на первом свидании?

Когда я была подростком, и мое тело постепенно приобретало женственные формы, я неоднократно слышала от взрослых женщин в моей семье легендарную фразу: «Не давай на первом свидании! Так ты будешь интереснее и желаннее для мужчины». Ты тоже такое слышала?

То, что в этом предостережении, на самом деле скрыто много мудрости, я убедилась позже на собственном опыте. Да, я не всегда ему следовала (*иначе было бы неинтересно, не правда ли?*) и поэтому, действительно, могу подтвердить, насколько важно «уважить» мужской «инстинкт охотника». Да, именно «уважить», то есть дать ему возможность «поохотиться», поухаживать за тобой, прежде чем «забрать трофей». В этом признаются лишь немногие мужчины. Те мужчины, которые осознают свой доставшийся им по наследству «инстинкт охотника» как потребность.

Итак, если ты, действительно, серьезно заинтересована в мужчине и испытываешь к нему чувства, то придерживайся правила:

не занимайся сексом на первом свидании!

Почему? Да, ты действительно, разбудишь тем самым в мужчине «инстинкт охотника», и это дорогого стоит. Чтобы прочувствовать, каково это, представь себя охотником, сидящим в кустах и уже несколько дней подряд наблюдающим за ланями. Как ты думаешь, что испытает охотник, если одна из ланей внезапно подбежит к нему и распластается перед ним в позе «бери меня». Жесткое сравнение? Зато подходящее... Чем больше усилий мужчина будет прикладывать, чтобы заполучить тебя, тем больше он будет тебя ценить, тем более интересной и желанной «добычей» ты будешь для него становиться. И конечно же, мысль о том, что мужчина потеряет к тебе интерес, если ты на первом же свидании не пойдешь с ним в постель, абсурдна. Поверь мне!

Я даже берусь утверждать, что чем больше ты заинтересована в мужчине, чем дальше стоит отодвинуть сексуальное сближение.

В этом случае сексуальное напряжение между вами будет расти постоянно и постепенно, что будет способствовать выделению адреналина и.... раскрытию и проявлению твоей породистой женщины!

Мы, женщины, обладаем таким богатым арсеналом сексуального влияния на мужчин, что должны выдавать не все сразу, а постепенно! Представь себе себя в прекрасной коробочке, перевязанной золотой ленточкой, которая лежит перед мужчиной, и он, смакуя, развязывает золотую ленточку, медленно снимает с коробочки упаковочку и… Да, стратегия «коробочки с ленточкой» творит чудеса! У тебя, как у породистой женщины, достаточно терпения и знаний, чтобы применить эту стратегию!

Кроме того, речь здесь идет еще и об уважении. Слияние твоего тела с телом другого человека является чудесным, волшебным актом только в том случае, если ты ценишь и уважаешь этого человека. Этот акт приобретает особенную глубину, когда к симпатии, уважению и интересу прибавляется такое глубокое чувство, как любовь. Под «любовью» я подразумеваю не то чувство, которое связывало Ромео и Джульетту, а чувство, обладающее потенциалом развития, из которого, как из семени, проклевывается росток, и при правильном уходе, постепенно вырастает пышное дерево. Как на то, чтобы посеять семя и дать появиться росточку нужно время, так и отношениям необходимо дать время на развитие, прежде чем скрепить их сексуальной кульминацией. И эта кульминация будет феерической!

То, что я говорю, подкреплено моим опытом. Эта стратегия отпугнула многих мужчин в моей жизни. И я очень благодарна ей за это: она наградила меня такими чудесными переживаниями, которые я ни за что не получила бы, постоянно применяя тактику «секс на одну ночь». Потому что я приняла решение: **Я не хочу быть лишь одной из многих!** Для этого я слишком хорошо к себе отношусь. Я знаю, что я — породистая женщина, у которой есть принципы, и которая действует в согласии со своими решениями. **Ведь именно это является истинным достоинством** *породистой женщины.*

Что ты вынесла из прочитанного? Ты хочешь раскрыть свою истинную, породистую женщину во взаимодействии с интересным мужчиной, пользуясь стратегией «не занимайся сексом на первом свидании»?

Менопауза... а дальше?

Цикличность — неотъемлемая часть нашей жизни на этой планете. Мы видим, как весна сменяет зиму, лето сменяет весну, осень сменяет лето и т.д. Также школьный возраст сменяет детство, юность сменяет школьный возраст, отрочество сменяет юность и т.д. Цикличность — неизменная данность. Женское тело демонстрирует особенную цикличность развития. Начало менструального цикла (среднестатистически в 15 лет) и наступление менопаузы (среднестатистически в 45-55 лет) — это только самые крупные вехи. Каждый менструальный цикл представляет собой, по сути, закономерные циклические изменения в женском организме, повторяющиеся через определенные временные промежутки.

Поэтому наступление климакса — всего лишь нормальное проявление цикличности, хотя многие женщины воспринимают его негативно и начинают сомневаться в своей женственности. Напрасно. Ведь это событие открывает женщине новые возможности еще большего раскрытия ее сексуальности. *Женщина является женщиной в течение всей своей жизни, а не только в тот период, когда она ежемесячно имеет менструацию и является детородной! Быть породистой женщиной означает, в течение всей жизни познавать и принимать себя во всех ипостасях.*

С этой точки зрения можно описать наступление менопаузы в жизни женщины с помощью метафоры «когда закрывается одна дверь, тут же открывается следующая». Когда женщине больше не нужно предохраняться, она может лучше расслабиться во время секса и потому испытывать гораздо больше удовольствия. Я имею в виду, конечно, только тех женщин, которые ведут отношения с одним сексуальным партнером. Остальные должны пользоваться презервативами, чтобы предохранять себя от болезней, передающихся половым путем и ВИЧ-инфекции. Кроме того, женщины элегантного возраста могут, наконец-то, окончательно освободиться от комплексов по поводу красоты своего тела и начать по-настоящему любить и ценить его, что опять-таки ведет к большей сексуальной реализованности.

Независимо от того, в каких отношениях ты состоишь, главное — принимать себя такой, какая ты есть, радоваться себе и полностью реализовывать свой потенциал. Особенно с наступлением менопаузы!

Проявление сексуальности во всех областях твоей жизни

Как *истинная, породистая женщина* ты прекрасно знаешь, как обходиться со своей сексуальностью. Сексуальность — это получение женщиной удовольствия в широком смысле этого слова, это жажда жизни! Поэтому ты уделяешь своей сексуальности внимание, разговариваешь с ней, уважаешь ее и проявляешь ее так, как тебе хочется.

Если тебе кажется, что ты не сексуальна, не оргазмична, осознай, что это не так! Ты просто пока не раскрыла свою сексуальность настолько, чтобы быть в состоянии наслаждаться ею!

Когда говорят о сбалансированном развитии сфер жизни человека, то в основном различают четыре сферы жизни — личностный и духовный рост, карьера и финансы, семья и отношения, здоровье и активный образ жизни. Мне нравится модель идентичности Петцольда, разработанная в интегративной гештальт-терапии и включающая в себя пять составляющих:

- **любимое дело & работа:** в чем мое призвание, в чем состоит мое предназначение;

- **материальная безопасность:** как у меня обстоит дело с финансами;

- **ценности & цели:** каковы мои ценности, каковы мои цели;

- **тело & внешность:** что хорошо для моего тела;

- **социальные контакты:** с кем я хочу проводить время.

Все эти области связаны между собой. И мы способны испытывать удовольствие во всех пяти сферах жизни. Например, когда мы готовим вкусную пищу и затем едим ее в красивой обстановке, когда с закрытыми глазами вдыхаем пьянящий аромат чудесного цветка на ягодной поляне и от радости запрокидываем голову, широко раскрывая глаза и видя прямо перед собой абсолютную голубизну необъятного неба… Я получаю огромное удовольствие, фотографируя такие моменты удовольствия. Также мне доставляет огромное удовольствие слушать музыку различных стилевых направлений, пробуя при этом разные сорта красного вина. А на пробежке, после нескольких оставленных позади километров, меня часто охватывает желание обнять весь мир. **Каждый из этих моментов счастья, по сути, является оргазмом, кульминацией получения удовольствия!**

Я, как породистая женщина, делаю очень много для того, чтобы постоянно развивать мою способность испытывать удовольствие. И в этом смысле я не ограничиваю себя ничем. Напротив, я всегда любила и буду любить эксперименты!

Экспериментируй и ты!

Как ты развиваешь свою способность испытывать удовольствие? Что ты для этого делаешь?

_____

Какие действия ты намерена предпринять в будущем, чтобы еще больше раскрыть свою способность испытывать удовольствие?

_____

Пять основных тезисов и осознаний, которые ты вынесла из этой главы:

Принимай решения СЕЙЧАС

В начале каждого изменения стоит решение меняться. И не важно, это просто изменение в какой-то одной сфере жизни или, как говорится, глобальное «изменение судьбы» - любое изменение начинается с решения. И именно с этим у многих загвоздка. Удивительно, как тяжело дается многим людям принятие решений.

Решение = отделись и отпусти

Я встречала много людей, которым нелегко дается принимать решения. Причина в том, что эти люди видят в процессе принятия решения только «черно-белые» варианты и тем самым невероятно усложняют себе жизнь. У них нет готовности идти на компромиссы, а потому они не видят «серые» варианты. В процесс принятия решений на такой основе они, закономерно, расходуют огромное количество энергии и получают в итоге еще больший вопросительный знак, чем прежде. В этот момент их охватывает страх принять неверное решение, и они, обессилев, принимают решение… оставить все, как есть. Хотя, на самом деле, даже неправильное решение было бы лучшим решением, чем ничегонеделание! Потому что жить — означает двигаться, а не стоять, или еще хуже застывать.

В этимологическом словаре указано, что в слове «решение» есть намек на «развязывание, отвязывание». В процессе принятия решения нам, действительно, предстоит «отвязаться» от чего-то, отпустить. Отпустить что-то для того, чтобы позволить прийти чему-то новому.

> **Если одна дверь закрывается,
> то сразу же открывается другая дверь!**

Это необыкновенно ценная жизненная мудрость! Звучит многообещающе. Мы все хотим постоянно узнавать новое, испытывать новые ощущения, исследовать неизвестное.

Почему нам так непросто отпустить старое?

Многие люди традиционно (напрасно) убеждены, что новое, которое придет в их жизнь взамен старого, не будет лучше. У этих людей много страхов и сомнений, мало смелости и уверенности в себе. Они любят стабильность, не хотят менять свое мировоззрение и в итоге пользуются старыми схемами мышления, сообщающими им, что «лучше синица в руках, чем журавель в небе». Другими словами, они предпочитают получить маленькую, но верную выгоду, нежели рисковать получить нечто большое. Эти люди много жалуются, осуждают и жалеют себя, выставляя себя «жертвой обстоятельств». Несмотря на то, что решение их проблем — новый путь, новая жизнь, — находится всего лишь в ШАГЕ от них.

Если ты узнала себя в этом описании и стоишь сейчас на распутье, то у тебя есть только два варианта — сделать ШАГ назад или сделать ШАГ вперед!

Первый вариант: шаг назад... Ты можешь отступить от намеченной цели и вернуться назад! Это означает, сознательно отказаться от встречи с неизведанным, новыми шансами и событиями, от проживания радости и гордости за себя!

Второй вариант: взгляд вперед... Ты можешь сделать первый шаг в новом направлении. Для этого необходимо отпустить страх перед неизвестностью и неопределенностью. Ты знаешь, что все будет хорошо, если ты возьмешь в помощники свой женский инстинкт и положишься на свою интуицию.

Независимо от того, какой дорогой ты пойдешь, ты в этот момент совершишь следующее — **ты примешь решение - ЗДЕСЬ И СЕЙЧАС!**

Решение, которое ты примешь СЕЙЧАС, влияет на то, каким

будет твое будущее! СЕЙЧАС ты решаешь, какой ты будешь ЗАВТРА! Это означает, что каждое сегодняшнее решение автоматически влияет на твое будущее. Все идет по плану, то есть в полном соответствии с законом причины и следствия.

Поэтому тебе нужно принять мудрое решение! Если ты пойдешь назад, в твоей жизни не произойдут позитивные изменения. Каждый день твоей жизни будет и дальше напоминать «день сурка». При этом твое недовольство жизнью будет с каждым днем расти и становиться все невыносимее.

Если ты пойдешь вперед, ты окажешься в новых для тебя ситуациях. Это немного страшно, но, согласись, чертовски интересно! Это — приключение! Где твое любопытство, твой дух исследователя? Вспомни себя в детстве! Вспомни время, когда радость от пережитых новых событий была твоим жизненным эликсиром!

В какой ситуации ты сейчас находишься? На перепутье? Время принимать решение? Ты не знаешь, как поступить? Тебе страшно? Опиши свою ситуацию:

_____

Что делать? Ты уже знаешь, какое решение ты примешь. Ты знаешь, в каком направлении ты хочешь идти. И все-таки мы, люди, склонны искать подтверждения правоты голоса нашей интуиции вовне.

Твоя интуиция, твой внутренний голос — твой самый лучший советчик!

Прислушайся к голосу своей интуиции. Что он говорит тебе? Слушай внимательно, и ты найдешь во внешнем мире знаки, подтверждающие его правоту. Чему ты научилась? Какое решение ты принимаешь?

Определи свои ценности

Ценности — это качества характера и признаки стиля жизни, которые нам импонируют. Они лежат в основе наших норм поведения. Нормами мы руководствуемся при принятии решений. По ним мы, как по компасу, сверяем свои действия. Любопытно, что, учитывая такую важность ценностей в нашей жизни, очень мало людей посвящают время осознанию своих ценностей и их переоценке, если она необходима. Я приглашаю тебя сделать это сейчас.

Подумай о своих ценностях. Для этого спроси себя: Что для меня важно? Какими ценностями я руководствуюсь в моих действиях? По каким критериям я оцениваю других? В конце книги ты найдешь *ориентировочный список ценностей*, который может помочь тебе. Выпиши из него все, что касается тебя (например, счастье, смелость) и добавь свое собственное.

_____

_____

Поздравляю, ты составила список ценностей, которыми ты руководствуешься по жизни! Теперь тебе необходимо выбрать из них пять самых главных. Это задание очень важное. Список твоих основных ценностей поможет тебе принять верное решение. Ведь смотри: так как любое решение (сознательно или бессознательно) принимается на основе ценностей, тебе полезно будет знать, чем ты обычно руководствуешься, принимая решения.

Итак, как определить свои основные ценности?

1. Прочитай про себя список твоих ценностей.

2. Если какие-то ценности указаны дважды, вычеркни повторяющиеся *(например, ценности «свобода» и «независимость» очень похожи)*.

3. Выбери из списка пять ценностей, которые тебе больше всего нравятся.

4. Спроси свой внутренний голос, действительно ли это твои ценности.

5. Сделай описание этих ценностей *(например, свобода означает для меня…)*.

6. Прими решение!

Теперь запиши сюда **пять своих основных ценностей**:

1. _____

2. _____

3. _____

4. _____

5. _____

Если ты знаешь свои ценности, значит, ты знаешь себя. *Породистая женщина* знает свои ценности как таблицу умножения и всегда руководствуется ими в своих действиях. Постоянно проверяй актуальность своих ценностей, так как жизнь постоянно дарит нам новые ценности. Также могут измениться и их приоритеты в нашей жизни. То, что нам вчера казалось важным, сегодня уже не имеет значения. Поэтому необходимо постоянно держать руку на пульсе, чтобы лучше понимать себя.

Как ты чувствовала себя при работе со списком ценностей? Легко ли тебе было выполнить это задание? Чему оно тебя научило?

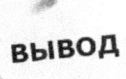

Куда ты держишь путь?

Для того, чтобы цели были достигнуты, тебе нужно их знать. Нам всем отведено ограниченное время пребывания на этой планете. Поэтому необходимо как можно скорее осознать свои цели и начать стремиться к их достижению.

Каковы твои цели?

Многие люди не могут сразу ответить на этот вопрос. Этот вопрос ставит их в тупик. А у тебя есть ответ на этот вопрос? Ты знаешь свои цели? Желания? Мечты? Запиши их, не оценивая:

Итак, у тебя есть компас, твоя интуиция, которая рассказывает тебе о твоих ценностях. Также у тебя есть замечательное транспортное средство — твое тело, которое сопровождает тебя на пути к твоим целям. Кроме того, в тебе установлена великолепная компьютерная программа – твой разум, который показывает тебе различные маршруты, если ты задаешь ему направление. Тебе требуется только постоянно выбирать маршрут. Это замечательные, чрезвычайно ценные, средства! Однако они ценны только при условии наличия цели! Образно выражаясь, они великолепно работают в команде на твоем корабле только при условии, что ТЫ СТОИШЬ У ШТУРВАЛА КОРАБЛЯ. Ты только представь, твой корабль готов отдать якоря, веет попутный ветер, и твоя замечательная команда смотрит тебе в рот и ждет… Да, именно! Она ждет твоего приказа! Куда держим путь?

Ты — породистая женщина, которая точно знает, чего она хочет. Породистая женщина находится в контакте со своей интуицией, знает свои ценности и цели!

Итак, куда ты держишь путь? Напиши быстро, не размышляя и не оценивая, то, что только что прокричал твой внутренний голос. О чем ты мечтаешь? Куда тебя должен доставить твой корабль?

_____

_____

_____

Ты смогла четко определить свои цели?

У породистой женщины есть ответы на все вопросы! Это факт! И над этим мы уже поработали! На все вопросы ты ответила сама, так как никто лучше тебя не знает твои цели, желания и предназначение. Осталось убрать страх неизвестности и неуверенность в себе.

Не ругай себя, если у тебя до конца не получилось расписать свои цели. Очень многим людям необходимо на это некоторое количество времени. Выдели себе это время и продолжай работать. Как говорится, капля камень точит, скоро сказка сказывается, да нескоро дело делается. Продолжай задавать себе вопросы о своих целях, прислушивайся к своему внутреннему голосу, внимательно наблюдай за происходящим.

Чему ты научилась? Что ты вынесла для себя?

_____

Насколько ты близка к цели?

После того, как ты определила свои цели, спроси себя, насколько ты близка к своим целям. В конце концов, цели ставятся затем, чтобы их достигать. Поэтому очень важно знать, в каком положении ты находишься, и что тебе необходимо для достижения твоих целей.

Часто люди ошибочно полагают, что для достижения целей

достаточно их осознать, назвать, прописать и позитивно мыслить. Было бы замечательно, если бы это было так. Но не тут-то было! Каждый спортсмен может подтвердить, что его мышцы укрепляются не только силой мысли. Каждодневные тренировки и постоянное повышение нагрузки — вот в чем заключается «несекретный секрет». Таким образом, он готовится достичь своей цели — пробежать марафон. В нашем случае это означает:

Чтобы достичь цели, нужно постоянно работать в этом направлении!

В этой связи необходимо выяснить, что нужно для достижения цели. Ты хочешь стать успешной предпринимательницей? Тогда тебе необходимо получить соответствующие знания, то есть среднее или высшее образование. Кроме этого, тебе могут дать советы коучи и наставники. Хочешь организовать гостеприимную усадьбу для поклонников конного спорта и верховой езды на Мальорке? Тогда тебе не обойтись без знаний испанского. Не повредят и знания по организации бизнеса.

Все это означает, что определение твоих целей — это только начало. За этим должны следовать действия, направленные на претворение твоих планов в жизнь, и они решают, достигнешь ли ты цели или нет.

Наш девиз: ДЕЙСТВУЕМ. Это главное и незыблемое правило. Больше никаких отговорок и компромиссов. Ты от всего сердца хочешь реализовать свою цель? Ты хочешь встать на, порою, тернистый, путь достижения этой цели? Достижение этой цели является твоей внутренней потребностью? Ты хочешь аккумулировать все свои таланты и способности для достижения этой цели?

Громко прокричи: ДА! Потому что для достижения цели тебе понадобиться огромное количеств сил, энергии, дисциплина, терпение и железная воля! Кроме этого, тебе необходим энтузиазм, этот «вечный огонь в груди»!

Если у тебя нет этого запала, это означает только одно: Ты осознала не свою истинную глобальную цель, а, так сказать, маленькую «подцель», маленькую часть великого целого. Что тогда? Тогда повтори упражнение снова, задай своему внутреннему голосу снова те же самые вопросы и слушай ответы.

Если же ты уже готова выйти на старт, то сделай следующее:

- создай доску своих целей и желаний с картинками и цитатами, визуализирующими твои цели;
- определи, что тебе нужно для достижения целей;
- напиши четкий план по достижению целей (план действий и расписание);
- ты будешь постоянно работать над достижением своих целей;
- ты готова преодолевать препятствия;
- ты будешь каждый день совершать три действия для достижения каждой цели;
- ты будешь ежедневно подходить к своей доске целей и желаний и входить в эмоциональное состояние, как будто бы эти цели уже достигнуты;
- ты будешь каждый день писать свои цели в своем дневнике счастья;
- ты будешь каждый день фиксировать в своем дневнике счастья все свои успехи.
- ты будешь каждый день благодарить себя за успехи в достижении целей.

От каждой цели тебя отделяет всего один шаг!

А именно - первый!

Как только ты от всего сердца решила встать на путь достижения целей и готова преодолеть все препятствия, которые будут вставать у тебя на пути, ты вышла на игровое поле! Все! Единственное препятствие, которое тебе сейчас предстоит преодолеть — это ТЫ!

Сбрось сомнения, как тяжелые оковы, и начинай двигаться вперед. Твои цели ждут тебя. Каков твой вывод? Что ты вынесла из рассказанного и проделанного?

_____

Действуй смело и не сомневайся!

Сомнения в своих силах и нужности запланированных проектов забирают очень много энергии и не продвигают тебя ни на шаг. Наоборот! Сомнения отбрасывают назад. *Со-мнения* содержат намек на то, что существуют, якобы, другие, притом нелестные, мнения о твоей личности и о том, чем ты занимаешься. Они ставят тебя перед выбором: чье мнение для тебя важнее — свое собственное или «чужой тети»? Выбирать тебе!

Японская поговорка гласит, что сомнения — это тень человека в темноте. Но ты, как истинная, породистая женщина, находишься не в тени, а в стоишь на сцене, освещенная множеством ярких прожекторов. Ты прекрасно знаешь, чего хочешь, и стоишь у штурвала своего корабля. Ты знаешь, куда держит путь твой корабль. В пути ты используешь все свои таланты и способности. И твоя цель постоянно находится перед твоим внутренним взором. Противоположностью сомнений являются **смелость**, **вера** и **доверие**. Как породистая женщина ты, разумеется, являешься образцом смелости. Может быть, не для себя самой, но, по крайней мере, для всего мира. У тебя есть доверие к этому миру. Ты веришь в то, что все будет хорошо. Ты излучаешь полное доверие Вселенной, веришь в ее огромную силу и энергию. Ты также несокрушимо веришь в собственные таланты и способности, которые ты постоянно успешно используешь. Все эти чудесные качества дарят тебе веру в себя. Ты мне не веришь?

Тогда найди, пожалуйста, подтверждения и доказательства того, что у тебя есть эти качества: где и когда ты проявляла смелость? Где ты преодолела свой страх и проявила смелость?

_____

_____

Где ты проявила доверие и шагнула в неизвестность, и это позже оказалось абсолютно правильным решением?

_____

**Как истинная, породистая женщина ты являешься наследницей Клеопатры!
У тебя много сил, энергии,
у тебя есть воображение и творческий подход,
ты восхищаешь своими выдающимися и уникальными талантами и способностями.**

Свои таланты и способности ты получила для того, чтобы идти к своим целям по своему предназначению. Сомнениям больше не место в твоей жизни! Отпусти сомнения и зап[олни] пространство смелостью, доверием. И верой в себя. Ка[кой] вывод?

ВЫВОД

_____

Стать самоуверенной в три счета!
Самое главное для этого — знать, как ты устроена. В трудные моменты твоя вера в себя является тем фактором, который

решает, продолжишь ли ты свой путь или остановишься на полпути. Если ты уверена в себе, то трудности, напротив, будут двигать тебя вперед, заставлять исследовать ситуацию, искать выход из положения.

Как каждая породистая женщина, ты обладаешь огромным количеством талантов и способностей. Мы уже выяснили, как они называются. Назови их и запиши здесь только пять самых основных талантов, которые повышают твою самооценку и поддерживают тебя.

1. _____
2. _____
3. _____
4. _____
5. _____

Ты осознаешь, что ты гениальна?
Ты — источник силы для твоего окружения.

Твой смех, твоя энергия зажигают людей в твоем окружении. У тебя есть предназначение и цели, на реализации которых ты концентрируешься.

**Ты — вулкан силы и энергии.
С помощью этих способностей ты преобразишь мир.**

Короче: ты несешь позитивные изменения. Тренируйся в минуты сомнений вспоминать о своих пяти самых главных талантах. Они — самые верные наставники и заботливые спутники в твоей жизни. Спроси себя:

1. Мои таланты и способности помогут мне реализовать мои цели?

2. Как именно могут мне помочь мои таланты и способности? На что мне нужно обратить внимание?

_____

3. Нужна ли мне, кроме моих талантов и способностей помощь /поддержка со стороны, чтобы реализовать мою цель?

_____

Как истинная, породистая женщина ты искусно используешь свои таланты и способности для достижения своих целей.

Как истинная, породистая женщина ты всегда найдешь «дорогу к самоуверенности» и сможешь в трудные минуты помочь самой себе укрепить свою веру в себя и самооценку.

Каков твой вывод?

_____

Чего ты ждешь? Прими решение НЕМЕДЛЕННО начать действовать!

Очевидно, что все зависит от тебя. Речь идет о твоих ценностях, твоих целях, твоей вере в себя, твоей смелости, и самое главное - твоей силе и энергии. Поэтому пришла пора действовать. СЕГОДНЯ, СЕЙЧАС, не завтра, не послезавтра и не на следующей неделе… СЕЙЧАС!

Любое изменение начинается с первого шага. Так гласит один из неписаных законов жизни. И это неопровержимый факт.

Как истинная, породистая женщина прими – здесь и сейчас – решение, стать автором своей жизни, встать к штурвалу своего корабля и жить той жизнью, которой ты хочешь жить. Запиши это решение.

Каждое написанное слово имеет гораздо большую силу влияния, чем слово подуманное и невысказанное.

**Все начинается с принятия тобой решения.
Прекрати ныть, прекрати жаловаться!
Не откладывай принятие решения!**

**Ты немедленно начинаешь действовать
и продолжаешь действовать до тех пор, пока не
достигнешь поставленных целей!**

Какое решение ты принимаешь? Каков твой вывод?
Что ты будешь делать? Каковы твои цели? Кто и что будет поддерживать тебя на пути к твоим целям? Когда ты начнешь действовать?

1. Какое решение ты принимаешь? Каков твой вывод?

_____

_____

2. Какие твои следующие шаги?

_____

_____

3. Каковы твои цели?

_____

_____

_____

4. Перечисли пять своих самых выдающихся талантов и

способностей, которые помогут тебе реализовать твои цели:

_____

_____

6. Что тебе нужно для реализации твоих целей?

_____

_____

7. Что ты должна сделать?

_____

_____

8. К кому ты обратишься за поддержкой?

_____

_____

9. Когда ты начнешь действовать?

_____

_____

Итак: на старт, внимание, марш!

Пять главных тезисов и осознаний, которые ты вынесла из этой главы:

Твое новое Я и твое окружение

Любое качественное изменение твоей жизни станет для твоего окружения неожиданностью. Вполне возможно, люди начнут удивленно задавать тебе вопросы по типу «Что ты творишь?», «Зачем тебе это надо?», «Не лучше ли все оставить по-прежнему?» и причитать «Все же было здорово», «Я не понимаю, зачем ты хочешь это изменить» и т.п.

Ты заметишь, что эти комментарии ты будешь слышать именно от тех людей, которые сами хотят что-то изменить в своей жизни, но не решаются это сделать. Твоему решению меняться и первому шагу, который ты сделала в этом направлении, еще «без году неделя», и ты, естественно, очень чувствительна к критике. Семечко, которое ты посеяла, необходимо уберечь от нападок недоброжелателей.

В этой ситуации тебе поможет знание того, как человек в целом реагирует на изменения. Как правило, плохо. И это нормально. Почему? Потому что человек - «друг своих привычек». Он охотно находится там, где он ко всему привык, все знает и может просчитать возможные варианты развития событий — в так называемой «зоне комфорта». Он не любит покидать свою «зону комфорта», так как за ее пределами ему становится «некомфортно». Изменения же всегда влекут за собой выход из «зоны комфорта» и появление страха. И это касается каждого человека. И каждой из нас. Теперь ты понимаешь, почему твое окружение так реагирует на твои изменения? Потому что твои изменения, а значит, твой выход из «зоны комфорта» могут — опять-таки в полном согласии с законом причины и следствия — повлечь за собой необходимость для твоего окружения тоже покинуть свою «зону комфорта». Именно от этого «дискомфорта» они себя — чаще всего подсознательно — защищают, пытаясь отговорить тебя меняться.

Покидаем «зону комфорта»!

Под «зоной комфорта» подразумевается то жизненное пространство, которое для тебя сейчас привычно — твоя страна, твое место жительства, твой дом или твоя квартира. Она включает в себя и твое окружение, твоих друзей, членов семьи, работу, хобби. Всех тех, при общении с кем ты чувствуешь себя «как дома». Здесь человеку легко, потому что привычно. Но это не значит, что человек при этом счастлив. Да, находясь в «зоне комфорта», человеку не надо преодолевать себя и препятствия, не нужно изучать что-то новое, здесь нет страха ошибиться и принять неверное решение. Здесь все происходит легко и быстро. Здесь все знакомо и потому прогнозируемо. Все привычки и ритуалы являются элементарными составляющими «зоны комфорта».

Логично, что „зона комфорта» кончается там, где ты начинаешь себя чувствовать «некомфортно», где тебе необходимо учиться делать что-то по-новому, преодолевать лень и сопротивление. Все новое, неизвестное и неожиданное находится за пределами «зоны комфорта». Появление чувства страха — индикатор того, что человек покидает свою «зону комфорта».

Каждый человек создает себе — чаще всего неосознанно — свою «зону комфорта». Эту зону он защищает от вторжения в нее нового так же рьяно, как животные с сильно развитым родительским инстинктом защищают свое потомство. И именно поэтому у него возникают трудности с принятием решений менять что-либо, так как в этом случае ему придется покидать свою «зону комфорта».

Ты активно работаешь с этой рабочей тетрадью и уже приняла решение изменить свою жизнь к лучшему. Для этого ты обозначила свои цели и приняла твердое решение, работать в направлении их достижения. Ты вышла на «большую дорогу», где тебя многое пугает, потому что оно пока еще не является твоей «зоной комфорта». Сделай

155

первый шаг из твоей нынешней «зоны комфорта». И этот шаг явится одновременно первым шагом в новую «зону комфорта» твоей более счастливой жизни, чем сейчас.

Поздравляю! Супер! Я горда тобою!

Гордись и ты собою! Ты чувствуешь этот бодрящий свежий ветер, целующий твое лицо и щекочущий твой очаровательный носик? Вдохни этот манящий запах новизны, приключения! Прочувствуй этот удивительный момент каждой клеточкой своего тела! И сохрани это чувство в памяти. Твое судно, наконец-то, покинуло «зону комфорта» и на всех парусах движется к намеченным целям. Полный вперед!

Каков твой вывод?

_____

Но что скажут люди?

Вполне возможно, что твое окружение будет недовольно изменениями в твоей жизни. Особенно на первых порах, когда у тебя пока есть только огромная мотивация, но нет конкретных результатов. Тебе будут задавать странные вопросы, выражать недовольство твоим поведением, подвергать твое решение сомнениям, всячески пытаться отговорить тебя действовать и, может быть, даже мешать. Особенно сильное сопротивление ты почувствуешь, конечно, в своем ближайшем окружении. Ведь твои решения бросают вызов общей «зоне комфорта», и ее предстоит защищать всеми средствами.

Тебе необходимо знать, что на свете есть очень мало людей, покинувших свою «зону комфорта» по собственному желанию. Их мало, но ОНИ ЕСТЬ! Эти люди поймут тебя и будут поддерживать! Основная же масса людей будет реагировать с непониманием. Они не смогут понять тебя, и это логично. Ведь они не покидали свою «зону комфорта», у них нет такого опыта. Они продолжают жить «днем сурка», жаловаться на свою жизнь и осуждать всех тех, кто живет не так или стремится что-то изменить. На жалобы и осуждения они тратят энергию, которую могли бы инвестировать в создание своей новой жизни. Но нет, они сделали такой выбор. И это их право. Каждый имеет право сделать свой выбор. **Уважай их выбор. И уважай свой выбор!**

Расширяй свой круг общения! Ты приняла решение покинуть свою «зону комфорта» и готова преодолеть все препятствия, двигаясь навстречу своим целям. Навстречу чудесному, новому, неизведанному! Таким образом, ты приняла решение расширять границы своей личности и тем самым... свой круг общения!

Для тебя, как истинной, породистой женщины, верной своим ценностям и уважающей свои решения, это означает, что ты будешь двигаться вперед, что бы ни случилось! Ты в состоянии это делать, поскольку обладаешь такими замечательными качествами, как смелость и решительность. Помни, что ты наследница легендарной Клеопатры! Скоро ты убедишься в том, что твое поведение — пример для подражания! Ты увидишь, что окружающие ценят тебя и восхищаются тобой, даже если открыто не признаются в этом. Ты можешь даже не подозревать о том, что своим примером помогаешь некоторым из них задуматься о своей жизни и тоже встать на путь изменений. Это закономерно и здорово! Ты, как камень, брошенный в воду, распространяешь круги по воде, то есть заражаешь своим положительным примером и позитивно влияешь на жизнь людей вокруг. Все идет по плану. Просто для того, чтобы произошли все эти изменения, необходимо время. Ты ведь помнишь поговорку «тише едешь, дальше будешь»?

Поэтому не принимай близко к сердцу критику и сомнения других людей. Вместо этого концентрируйся на себе, на своих планах по реализации своих целей. Иди выбранным тобой путем! Не ввязывайся в споры с людьми, которые хотят свернуть тебя с пути! В спорах ты будешь только терять энергию и все равно ничего никому не докажешь. Просто скажи вежливо, но твердо, что это твой новый путь, и что ты заранее благодарна всем им за поддержку. Точка!

**Это твоя жизнь. Это твой путь.
Ни у кого нет права вторгаться в твою жизнь и вставать у тебя на пути.
Всегда помни это!**

Скажи мне, кто твой друг, и я скажу, кто ты!
Никогда не преуменьшай значение людей, с которыми ты близко общаешься. Наши друзья имеют огромное влияние на нас, потому что мы, даже если (неосознанно) не копируем их поведение, то, по крайней мере, очень часто подстраиваемся под них. Пословица «скажи мне, кто твой друг, и я скажу, кто ты» бьет, что называется, не в бровь, а в глаз, и попадает в яблочко!

Поэтому тебе предстоит критично посмотреть на людей, с которыми ты проводишь много времени, и определить, с кем из них тебе дальше по пути, а с кем, все-таки, лучше расстаться. Спроси себя: кто мои друзья? Какие они? Критично настроенные скептики, негативные, жалующиеся на жизнь и осуждающие всех вокруг ворчуны или жизнерадостные, энергичные и целеустремленные заводилы?

_____

_____

Наши друзья — наше зеркальное отражение. Мы видим в них наши собственные качества, наши достоинства и недостатки и можем, общаясь с ними и наблюдая за их поведением, узнать о себе много нового. Особенно ценно это во времена кризисов, поворотов судьбы. Кроме того, именно в такие моменты и выясняется, какие люди способны тебя поддержать, а какие, наоборот, тянут тебя на дно.

**Будь внимательна и бдительна.
Не позволяй скептикам ставить тебе палки в колеса.**

Ты приняла решение и смело и уверенно идешь в выбранном направлении.

Мне тоже в свое время пришлось закончить дружеские отношения с некоторыми людьми. В разговорах с ними я назвала вещи своими именами и предложила им меняться вместе со мной, вместе выходить из «зоны комфорта». Я натолкнулась на непонимание и негодование с их стороны и, в итоге, прекратила с ними общение.

Почему я так поступила?
Я поступила так, когда осознала, что некоторые люди в моем окружении негативно влияют на меня, так как они недовольны жизнью и постоянно ноют и жалуются, не пытаясь ничего изменить в ней. Они полны страхов и со скепсисом относятся ко всему новому. Им страшно покинуть свою «зону комфорта», так как «кто знает, что произойдет дальше». Я осознала, что такое поведение — результат особого сорта мировосприятия, когда внимание человека направлено скорее на негативные, нежели позитивные вещи, скорее на недостатки, нежели на достоинства. Поэтому эти люди критиковали меня, подчеркивали мои недостатки, игнорировали достоинства, осуждали мои решения и всячески старались убедить меня в том, что я не достойна счастливой жизни. Так же, как впрочем, и они сами. Ведь с собой они обходились абсолютно так же. И считали это нормальным, утверждая, что так живут все. Я увидела, что они искренне пытались позаботиться обо мне, но в силу своего мышления не могли воспринимать мир так, как его воспринимала я. Ведь мне удалось изменить мое мышление в позитивную сторону. Раскрыв в себе истинную, породистую женщину, я направила мое внимание на мои таланты и достоинства, на мой потенциал и заветные цели, и таким образом укрепила свою веру в себя и

наполнилась энергией и силой на движение вперед.

Что происходило?
Я осознала, что, общаясь с этими людьми, мне постоянно приходилось им что-то объяснять и за что-то оправдываться. На это я тратила огромное количество энергии. Я осознала, что я теряла ту самую энергию, которая была мне необходима для движения к моим новым целям!

Поэтому, оглядываясь назад, я считаю принятое мною тогда решение, иметь отношения только с позитивными, целеустремленными людьми с чувством юмора, у которых такой же образ мышления, что и у меня и, соответственно, похожие ценности — чуть ли не самым главным решением на том этапе жизни. Отношения с такими людьми ведутся на базе взаимного уважения и интереса к собственному развитию и развитию другого человека, а не на постоянных ожиданиях и претензиях.

Внимание: то, что я рассказала, не означает, что ты должна сразу же оборвать отношения со всеми критически настроенными друзьями. Вовсе нет. Я просто хотела поделиться с тобой своим опытом и тем самым дать тебе пищу для размышлений и показать некоторые варианты действий.

Все зависит от тебя и твоего мышления, то есть твоего восприятия мира, себя и твоих друзей. **Понаблюдай за своими друзьями, и ты осознаешь, что, смотря на них, ты «смотришься в зеркало».** Они дают тебе замечательную возможность посмотреть на себя со стороны и тем самым познакомиться с собой настоящей. Благодаря твоим друзьям ты учишься лучше понимать себя.

А теперь сделай выводы. Каковы твои следующие шаги? Какие решения ты примешь, проанализировав свой круг общения

Следи за тем, чтобы у тебя под рукой всегда был компас.

Компас — замечательная штука, которая всегда должна находиться у тебя под рукой. В любую непогоду, при встречах с недоброжелателями и в минуты штиля компас будет постоянно напоминать тебе о том, куда ты держишь путь.

Разумеется, ты, как истинная, породистая женщина, преисполнена сил и энергии для достижения своих целей. Твоя сила воли, твой оптимизм, твоя страсть и жажда приключений помогают тебе вдохнуть жизнь в визуализацию твоих достижений. Все эти вещи являются топливом для твоего корабля, мотор которого неустанно жужжит. Но, несмотря на наличие у тебя всех этих замечательных ресурсов, кльюые представляют собой твой «внутренний компас», тебе необходим еще и «внешний компас». Как истинная, породистая женщина, ты знаешь, как внезапно может поменяться ветер, и тебе потребуется помощь. Сделай так, чтобы ты была в состоянии, в любой момент самостоятельно оказать себе помощь.

Как может выглядеть твой компас? Я представлю тебе несколько вариантов, и тебе решать, предпочтешь ли ты, как говорится, минималистический дизайн или что-то попышнее.

Какие средства помогут тебе не сбиться с курса?

Вот список средств, которые постоянно будут помогать тебе четко двигаться к твоим целям:

1. **Дневник счастья**

Изложение своих мыслей и планов на бумаге творит чудеса! Если ты будешь *каждый день* записывать в свой дневник счастья свои цели, успехи и идеи, ты будешь постоянно сталкиваться с чудесами. Серьезно! Ты станешь увереннее в себе, твоя самооценка будет расти как на дрожжах, и твои цели и успехи на пути к их достижению всегда будут у тебя перед глазами.

В дневнике счастья ты каждый день отвечаешь самой себе на одни и те же вопросы:

- Каковы мои цели?
- За что я благодарна?
- Что я сделала сегодня хорошо?
- В чем я была успешна?
- Что я сделала сегодня для достижения моих целей?
- Кого и чем я сегодня обрадовала, сделала счастливым?
- Чем я сегодня горжусь?

О своих целях необходимо напоминать себе каждый день. Таким образом ты каждый вечер будешь сверяться со своим компасом. Записывая каждый день, что ты сделала для достижения своих целей, ты одновременно проверяешь актуальность своих целей и целесообразность своих поступков. Далее ты акцентируешь внимание на своих повседневных «подвигах», о которых ты позже забудешь, если сейчас не запишешь. Успехи — это бальзам для души и смазка для мотора твоего корабля. Благодарность важна как воздух. О ней я подробно расскажу в следующей главе. И, наконец:

**делая другого человека счастливым,
ты тем самым делаешь счастливой себя и
доставляешь себе радость.**

Начни вести дневник счастья прямо сейчас! Это великолепный инструмент! На его заполнение тебе потребуется ежедневно не более 15 минут, и они того стоят! В приложении ты найдешь образец страницы твоего дневника счастья.

---

2. «Доска визуализации целей и желаний»

Возьми лист формата А3 или А2. Найди в интернете картинки, визуализирующие твои цели, и распечатай их. Также ты можешь вырезать понравившиеся тебе фотографии и заголовки из журналов, взять фотографии себя и своих родных, использовать банкноты, аксессуары и т.д. Прояви творческий подход, но — главное — сделай это спонтанно, быстро (максимум за 15 минут) и без долгих размышлений. Чем легче ты отнесешься к этому заданию, тем лучше будет результат. Наклей найденное на приготовленные листы и… вуаля, твоя «доска визуализации целей и желаний» готова.

Повесь эту доску на стену. Любуйся ею утром и вечером. Прислоняй к ней правую руку и закрывай глаза, представляя себе, что твои цели и желания уже осуществились. Чувствуй радость, вдохновение и сохраняй память об этих ощущениях в клеточках своего тела. Чем чаще ты будешь это делать, чем лучше ты будешь чувствовать радость от осуществления своих целей, тем ближе ты будешь к их реализации.

---

3. Карточки / Записки

Я уже много лет успешно работаю с карточками формата А5, на которых я пишу себе мотивирующие послания, напоминания и похвалу. Я размещаю эти карточки в моей квартире, машине, на рабочем столе. Мои фавориты — ванная комната и входная дверь (с внутренней стороны), а также крышка моего ноутбука и дверка одежного шкафа. Эти послания преданно напоминают мне в повседневной суете о моих великих целях.

---

4. Пространство тишины

То, что медитации позитивно влияют на нас, приводя в гармонию тело, разум и душу, известно всем. Я годами безуспешно пыталась научиться медитировать, пока не попробовала «пространство тишины». Как это работает?

Сядь на пол или на стул. Закрой глаза и представь себе, что ты встаешь и уходишь отсюда. Ты идешь по направлению к дому. Ты

подходишь к нему, открываешь дверь, входишь и закрываешь за собой дверь. Ты видишь перед собой пустое, звукоизолированное помещение, залитое теплым светом. Вдыхай в себя эту пустоту и тишину и грейся в лучах света. Расслабься. Слушай свое дыхание. Я обычно говорю себе мысленно: „Я есть. Я есть здесь и сейчас. Я такая, какая я есть. Я есть там, где я есть. Благодарю».

Попробуй помедитировать таким образом. Если у тебя с первого раза не получится, не отчаивайся, а повтори свою попытку на следующий день. Попробуй для начала просидеть одну минуту (заведи будильник на телефоне), потом — две, пять, семь, и постепенно доведи время медитации до 15 минут. Опыт общения с тишиной удивительно благотворен. Он дает столько энергии и сил! Кроме того, в этот момент в голову, как по мановению волшебной палочки, начинают приходить замечательные идеи и осознания. В «пространстве тишины» я получаю доступ к своему подсознанию. Наше общение происходит без слов, и это очень трогательно и необычно, ведь, получается, что таким образом я общаюсь с (мне незнакомой) самой собой. Посещение «пространства тишины», действительно, стоит того! Чем чаще ты будешь это делать, тем плодотворнее будет твое общение с самой собой.

---

5. Свидание с самой собой
Выделяй себе каждый день время для себя. Я называю это время «свиданием с самой собой». Интегрируй это время в распорядок дня. Это может быть, например, один час рано утром, когда все еще спят. В течение этого часа ты занимаешься только собой. Ведешь свой дневник счастья, медитируешь в «пространстве тишины», делаешь что-то, что доставляет тебе неописуемое наслаждение…

Вот так может выглядеть твой компас. У каждой истинной, породистой женщины должен быть свой компас! Поэтому прими сейчас решение, какими из этих советов ты хочешь воспользоваться. Как будет выглядеть твой компас?

_____   ВЫВОД

Честное и открытое общение

Очевидно, что в связи с тем, что ты поставила себе цели и намерена идти к их реализации, распорядок твоего дня изменится. И это будет влиять не только на тебя, но и на твое окружение, на твою семью и друзей. Вполне может случиться и так, что они обидятся и будут высказывать недовольство.

> Дабы избежать такого поворота событий, необходимо открыто поговорить с ними на эту тему. Ты должна объяснить важным для тебя людям, что с тобой происходит, и что ты задумала. Объясни им, насколько это важно для тебя. Открыто назови свои цели. Таким образом ты предотвратишь возможные негативные реакции, или, по крайней мере, никто не сможет позже упрекнуть тебя в двуличии. При этом знай, что это не означает, что ты получишь поддержку своих близких. Это означат лишь то, что ты действуешь «с открытым забралом». Ни больше, ни меньше.

Кроме этого, действуя таким образом, ты покажешь себе, что ты настроена серьезно, что ты уже вышла из «зоны комфорта», и что твои цели для тебя, действительно, важны. Подчеркни в разговоре со своими родными и друзьями, как важны для тебя их поддержка и понимание. Общаясь с людьми честно и открыто, ты найдешь единомышленников, ну, или, по крайней мере, расставишь точки над «i».

Если твои родные и друзья негативно прореагируют на твои планы, постарайся не принимать это близко к сердцу. Дай им время понаблюдать за твоим поведением. В конце концов, твое поведение в полном соответствии с кодексом истинной, породистой женщины, которая не отступает от принятых решений, должно их впечатлить. Даже если они не скажут тебе это в глаза. Будь уверена, твоя решимость — это достоинство, которое достойно восхищения.

Прими решение: с кем и когда ты поговоришь о своих планах?

_____

Что делать в случае препятствий?

… оставаться невозмутимой и перепрыгивать через них! Слишком легко? И, тем не менее, это, действительно, то, что тебе нужно будет делать. Элегантно перепрыгивать через них. И чем чаще ты будешь это делать, тем легче тебе будет это даваться. И неважно, в какой форме эти препятствия будут появляться на твоем пути. Ни в коем случае не сворачивай!

Не позволяй себе падать духом из-за препятствий, наоборот, воспринимай их как подтверждение правильности твоего решения.

Преодолевая препятствия, ты станешь акробатом. Ты будешь тренировать свою гибкость, дисциплинированность, умение видеть альтернативы и быть эмоционально независимой от обстоятельств и мнения других людей. Ты будешь тренировать свой эмоциональный интеллект, а это дорогого стоит! *„Тот, кто легко позволяет сбить себя с пути, будет вынужден пробираться к цели окольными путями"*, - говорится в одной пословице. Как точно подмечено! Как и в высказывании *„все сложности и препятствия — лишь ступеньки, по которым мы поднимаемся вверх"*.

**Чем выше ты поднимешься,
тем лучше открывается вид на твои цели, на твое предназначение!**

Будь примером для подражания...

Наверняка у тебя есть пример для подражания. Что именно тебе нравится в этом человеке? Чего достиг этот человек? Запиши основное:

_____

У тебя есть таланты и способности, которые необходимо показать миру. У тебя есть огромное количество ценного опыта, который ты собираешь, идя к своим целям. Километры, которые тебе еще предстоит пройти, будут и дальше укреплять твою веру в себя и свою уникальность. Кроме того, тебе постоянно оказывают поддержку таланты и способности, которые у тебя есть, потому что ты являешься *истинной, породистой женщиной*. Смотри, при рождении тебе были даны:

- смелость львицы,
- осмотрительность рыси,
- усердие муравья,
- память слона,
- трудолюбие пчелки,
- хитрость лисицы,
- гибкость кошки,
- грациозность лебедушки,
- миролюбие голубки и
- сила тигрицы.

Все эти качества есть у тебя, они были даны тебе при рождении. Информация о них находится в каждой клеточке твоего тела. Осознай наличие у тебя этих качеств, раскрой свой потенциал! Почувствуй мощную силу и воодушевление, которые помогут тебе это сделать! Рассказывай миру о том, что ты делаешь, мотивируй людей (особенно женщин!) учиться слышать зов своего сердца и следовать ему!

Пусть они скинут оковы своего прежнего мышления и, наконец-то, с достоинством пойдут по пути своего предназначения. **Этого достоин каждый человек, каждая женщина!** Ты, как истинная, породистая женщина, знаешь это теперь наверняка!

**Иди своим путем
и вдохновляй своим примером других!
Благодари себя и других за все, что с тобой происходит,
и твоя благодарность понесет тебя
к твоим целям на ковре-самолете.**

Пять важных тезисов и осознаний, которые ты вынесла из этой главы:

Выражай благодарность

Умение быть благодарной — добродетель, которую очень ценят во многих религиях. Благодарность — необходимое условие для существования сознания, потому что благодарить — означает осознавать то, что у тебя есть. Без благодарности невозможно ощущать себя счастливой.

Благодарность — признание в любви к жизни
В нашем западном обществе прежде всего ценятся материальные блага. Традиционно именно они находятся постоянно в фокусе внимания. Экономика и маркетинг ориентируются на принцип «чем дороже и новее, тем лучше», и мы ежедневно ощущаем это на себе, бессознательно перенимая эту модель мировосприятия.

Хотя, в действительности, решающим фактором является не имущество, которым человек обладает, а его ценности и качества характера. Важно то, какие свои таланты и способности человек реализует и что он делает на благо других. Огромную ценность имеет и наше тело — наш дом, который исправно сопровождает нас по жизни и дарит нам неисчислимые возможности ею наслаждаться. За все это нам тоже стоит быть благодарными!

Ты уже знакома с одним из эффективнейших инструментов изменения своего мировосприятия — дневником счастья. Заполняя его ежедневно, ты, отвечая на вопрос, кому и за что ты сегодня благодарна, во-первых, показываешь себе и миру, что ты видишь ценность акта благодарности, а во-вторых, имеешь возможность благодарить за те вещи, которые имеют значение именно для тебя. Ты заметишь, что, делая это регулярно, ты автоматически будешь становиться внимательнее, спокойнее и уравновешеннее. Ты осознаешь, что к ощущению себя счастливой приводят скорее «мелочи жизни», нежели глобальные события, и однажды ты согласишься с утверждением, что **благодарность — это признание в любви к жизни.**

Веди дневник счастья! Это, действительно, работающий инструмент изменения качества жизни. Каждый вечер, спрашивая себя, за что ты благодарна прошедшему дню, ты позволяешь этому дню проноситься перед твоим внутренним взором. Дню, наполненному различными встречами и событиями, имеющими для тебя разное значение. В этот момент именно ты (а не чужая тетя!) принимаешь решение, как интерпретировать произошедшее и за какие именно события и встречи ты благодарна.

Человек, который не ведет дневник счастья, упускает шансы получить ценные осознания, больше узнать о себе и повысить свою самооценку. Ты, как истинная, породистая женщина, напротив, пользуешься этими шансами, что называется, по полной программе и регулярно выделяешь себе время для того, чтобы оценить происходящее с тобой, вспомнить свои цели и отпраздновать успехи на пути к их реализации. Благодарность является кульминацией этого процесса, твоим признанием в любви к жизни.

Кроме этого, я могу порекомендовать тебе одно интересное упражнение. Тебе понадобится пригоршня мелких камешков или зерна, которую ты положишь в левый карман своих брюк. Каждый раз, когда в течение 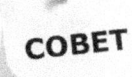 дня с тобой будет случаться что-то хорошее, ты будешь перекладывать один камешек или одно зернышко в правый карман брюк. Вечером, вынимая камешки или зерна из карманов, у тебя будет прекрасная возможность вспомнить все хорошие события дня и поблагодарить за них в своем дневнике счастья.

Мне часто задают вопрос, что я имею в виду под «хорошими событиями». Я отвечаю, что это могут быть совершенно разные события, большого и маленького масштаба. Мужчина открыл перед тобой дверь, в магазине улыбнулась кассирша, коллега сделал комплимент по поводу твоего платья и т.п. и т.д. Главный критерий — чувство радости и наполнение позитивной энергией, после того, как эти события произошли.

**Именно восприятие и осознание
приятных «мелочей жизни»
делает тебя счастливой.**

Какие приятные события произошли сегодня в твоей жизни? В какие моменты ты чувствовала себя замечательно? Кто «зажег» сегодня улыбку на твоем лице? Запиши все
события сегодняшнего дня, за которые ты благодарна

_____

Тебе было тяжело вспомнить о позитивных с сегодняшнего дня? Ты увидишь, что чем чаще ты будешь выполнять это упражнение, тем больше событий будет приходить тебе в голову.

Поэтому прими сейчас решение стать более внимательной к мелочам, подмечать хорошее вокруг себя и писать об этом в своем дневнике счастья, наполняясь при этом благодарностью.

_____

На благо человечеству...
Все начинается с первого шага. Ты, как истинная, породистая женщина, обладаешь великой силой, выдающимися способностями и талантом орла сосредоточиваться на главном. Используй эти ресурсы на благо окружающих.

Действовать на благо окружающих — самый главный закон жизни. Необходимыми условиями для того, чтобы действовать на благо окружающих являются умения

постоянно испытывать благодарность и любовь, ценить себя и окружающий мир.

В то время как гордыня заботится исключительно о собственном благополучии и великолепии, благодарность выражается в стремлении делать вещи, полезные не только для себя, но и для других людей. Решающее значение имеет, что перевесит — гордыня или благодарность. Благодарность выражается в желании поделиться с другими тем, что имеется у тебя в избытке, запуская процесс «круговорота» и отражаясь в подобном поведении людей твоего круга общения. В согласии с законом причины и следствия или притяжения подобного подобным.

> Делись (благотворительностью или хорошими делами) с другими людьми, и жизнь одарит тебя (дарами)!

Отдавай десятину своего дохода нуждающимся — эта мысль зафиксирована уже в библии. Если ты пока не можешь себе позволить делиться с людьми деньгами, тогда делись с ними своим временем и хорошими делами. Ты можешь помогать в домах престарелых, выгуливать собак из приюта бездомных животных и т.д.

Заведи привычку, каждый месяц думать о том, что полезного ты можешь сделать для других людей. Я делюсь хорошим и занимаюсь благотворительностью уже много лет, и делаю это сознательно и с большим удовольствием. Это делает меня благодарной, смиренной и счастливой.

Посмотри вокруг себя и осознай, что хорошего ты можешь сделать для окружающих. Запиши, какие идеи пришли тебе в голову:

_____

Как *истинная, породистая женщины*, ты осознанно используешь свои знания и чувство ответственности, делая добро окружающим людям, животным и природе. Ты осознаешь свои мысли и поступки и знаешь, как работает закон причины и следствия.

Что будет происходить, когда ты станешь так поступать? С тобой — как с истинной, породистой женщиной, которая постоянно заботится о благополучии себя и других людей — будут происходить чудесные события, потому что ты, в роли мотиватора, вдохновителя и примера для подражания, окажешься в эпицентре потока жизни.

Признайся, что это прекрасно. Запиши, к каким осознаниям и выводам ты пришла.

_____

_____

_____

И напоследок я хочу дать тебе
один ценный совет, который изменит твою жизнь:

Живи жизнью, которой ты хочешь жить!

Действуй СЕЙЧАС и раскрывай свой потенциал
истинной, породистой женщины!
Верь в себя! Живи полной жизнью!

Ты — *истинная, породистая женщина*! На все 100%.

В тебе столько силы, энергии, женственности!
Ты сексуальна!
Ты — просто чудо!

Пять главных тезисов и осознаний, которые ты вынесла из этой главы:

Заключение

Ну, вот мы и добрались до конца книги. Одновременно это начало твоей новой жизни. Ты начнешь по-новому проявлять свою женственность, вдохнешь энергию в свою истинную, породистую женщину и позволишь ей проявиться.

В тебе скрыто столько силы и энергии! В тебе скрыта истинная, породистая женщина, которую мы с тобой обнаружили. Теперь ты точно знаешь, что она в тебе есть, и даже знаешь, как она выглядит и какими замечательными ресурсами обладает. Осталось только показать ее миру, а главное — позволить ей действовать по своему усмотрению! Доверься ей! Она точно знает, чего она хочет, как она это получит и что будет с этим делать потом!

Твоя истинная, породистая женщина смелая, полная замечательных идей и внимательная к окружающим ее людям. Она знает твои желания и потребности, а главное, твои способности и таланты. Начни использовать этот потенциал, и ты вступишь в новую фазу своей жизни, которая подарит тебе столько захватывающих событий и сюрпризов, которых ты сейчас даже не можешь вообразить.

Верь в себя, в свои способности и таланты! Я в тебя верю! Почему?

Потому что я знаю, что на женщинах
держится наше общество и наши семьи,
что женщины являются миротворцами,
вдохновителями детей и провидицами.

Все начинается с первого шага!
Возьми себя за ручку и выведи в свет.
Ты чудесная, энергичная, мудрая, аутентичная
и полна замечательных идей!

Ты — истинная женщина, подлинная породистая женщина!
Будь благодарна и …
**…ЖИВИ жизнью истинной женщины,
ведь именно для этого ты появилась на свет!**

Заметки

Заметки

Заметки

Заметки

Приложение

Здесь ты найдешь информацию, способствующую твоему личностному росту. Кроме того, на моей страничке в интернете *www.creativita.cc* есть дополнительный материал для скачивания.

Типичные ограничивающие убеждения о личности

У нас, людей, много негативных убеждений, ограничивающих наше развитие. Здесь я приведу только некоторые из них (*источник: www.zeitzuleben.de*):

- любовь слепа;
- я ни на что не годная/трусиха;
- я недостаточно хороша;
- меня никто не воспринимает всерьез;
- богатые люди — плохие;
- мир несправедлив;
- каждый только за себя;
- деньги портят характер;
- я не имею права сказать «нет»;
- жизнь тяжелая;
- деньги — грязь;
- не все то золото, что блестит;
- я слишком скромная;
- я слишком старая/молодая, глупая/нерасторопная;
- я должна быть скромной;
- я должна соблюдать порядок;
- я не способна на длительные отношения;
- настоящие мужчины не плачут;
- я не должна проявлять слабость;
- я должна всегда быть на высоте;
- я не могу разочаровать;
- мое мнение никого не интересует;
- я не важна, никому не нужна
- у меня нет времени;
- я не могу себе этого позволить;
- я не могу себя изменить;
- всяк сверчок знай свой шесток;
- бесплатный сыр бывает только в мышеловке;
- мои родители/другие виноваты;
- у меня нет талантов;
- у меня кривые руки;
- я на это не способна;
- другие лучше, чем я;
- только слабые женщины показывают свои чувства;
- я этого не заслужила;
- мне нечего сказать;
- у меня мало опыта;
- я не могу это изменить;
- я бессильна;
- успех ведет к одиночеству;
- я этого недостойна;
- я этого не заслуживаю;
- я ничего не могу делать хорошо;
- другие лучше, чем я;
- мне просто не везет;
- меня никто не любит;
- все против меня.

30 позитивных убеждений о личности:

1. все, что я делаю, я делаю успешно;
2. безграничная энергия струится по моему телу;
3. я — оазис мира, любви и радости;
4. я — выражение абсолютной свободы;
5. я ощущаю мое тело, душу и разум как гармоничное целое;
6. меня переполняют уникальные таланты и творческие способности;
7. я слышу мой внутренний голос и доверяю ему;
8. интеллект, смелость и умение себя ценить являются моими составляющими;
9. я смогу достичь всего, чего захочу;
10. я — электростанция талантов и способностей;
11. моя уверенность в себе и уважение к себе безграничны;
12. я спокойна, невозмутима и довольна;
13. я очень люблю себя;
14. я достойна любви окружающих;
15. я нахожусь под защитой божественной любви, высших сил;
16. я ощущаю безграничную жизненную силу и наслаждаюсь ею;
17. я каждый день постоянно даю и получаю любовь;
18. я являюсь большой ценностью;
19. я доверяю другим людям, а они доверяют мне;
20. я — магнит, притягивающий добро;
21. своей позитивной энергией я притягиваю позитивных людей;
22. жизнь восхищает меня и наполняет новой энергией;
23. я ощущаю мое тело гармоничным целым;
24. каждый вдох наполняет меня мощной энергией;
25. мое тело прекрасно и упруго.
26. я — бурлящая жизнь;
27. живительная энергия струится в моем теле;
28. я излучаю силу и притягиваю все, что меня поддерживает;
29. моя внутренняя мудрость ведет меня по жизни и заботится о моем благополучии;
30. я — выражение абсолютной свободы.

Я рекомендую читать этот список вслух и с выражением дважды в день в течение 30–90 дней. Запиши свою речь на диктофон в телефоне и прослушивай ее при любой удобной возможности. Желаю удачи!

Ограничивающие убеждения о деньгах, богатстве и благополучии:

- деньги приносят только проблемы;
- деньги не важны;
- деньги делают людей высокомерными и черствыми;
- деньги — грязь;
- не в деньгах — счастье;
- деньги — корень зла;
- деньги — это еще не все;
- есть кое-что поважнее денег;
- не все то золото, что блестит;
- деньги портят характер;
- мне постоянно не хватает денег;
- о деньгах не говорят;
- деньги правят миром;
- деньги не пахнут;
-- деньги утекают сквозь пальцы;
- большие деньги несут заботы и проблемы; богатые тоже плачут;
- у кого много денег, у того много проблем;
- время — деньги;
- у богатых людей нет друзей;
- если я стану богатой, то меня будут любить только из-за денег;
- добывать деньги тяжело;
- деньги не растут на деревьях; деньги под ногами не валяются;
- богатым людям просто повезло, и они эксплуатируют других;
- деньги — одиночество;
- я никогда не буду получать много денег;
- много денег можно получить только идя по трупам.

30 позитивных убеждений о деньгах, богатстве и благополучии:

1. деньги — позитивная энергия;
2. я притягиваю богатство и большие деньги как по волшебству;
3. я люблю деньги, деньги текут в мою жизнь рекой;
4. имея деньги, я чувствую себя хорошо;
5. я бесконечно богата и успешна;
6. имея деньги, я чувствую себя всемогущей;
7. я притягиваю финансовый достаток;
8. я счастлива и довольна;
9. деньги — мой верный спутник и друг;
10. я — магнит для денег и постоянно притягиваю деньги;
11. деньги — благо для меня;
12. деньги приходят в мою жизнь из различных источников;
13. я притягиваю деньги естественным путем;
14. деньги лежат на дороге, мне нужно только поднять их;
15. у меня постоянно есть идеи, как заработать больше денег;
16. я позволяю себе иметь деньги;
17. я люблю зарабатывать деньги и пользуюсь ими с удовольствием;
18. деньги — неотъемлемая часть моей жизни;
19. деньги позитивно влияют на мою жизнь;
20. я живу в достатке;
21. у меня есть все финансовые возможности, которые только можно себе представить;
22. у меня хорошие отношения с деньгами;
23. деньги дают мне возможность, делать вещи, которые я люблю;
24. мои деньги позволяют мне жить благополучно, комфортно и в достатке;
25. я достойна принимать деньги;
26. деньги ведут к хорошей жизни;
27. богатство — мое естественное состояние;
28. мне по праву рождения даны все ресурсы, чтобы стать богатой;
29. богатство и достаток стремятся ко мне со всех сторон;
30. я бесконечно богата и успешна.

Я рекомендую читать этот список вслух и с выражением дважды в день в течение 30–90 дней. Запиши свою речь на диктофон в телефоне и прослушивай ее при любой удобной возможности. Желаю удачи!
(Источник: www.affirmotionen.de)

Список ценностей

Здесь ты видишь ориентировочный список общепринятых ценностей, которые большинство людей считает привлекательными и этичными *(источник: www.wertesysteme.de)*.

активность
актуальность
аутентичность

безмятежность
безопасность
благодарность
благополучие
благоразумие
бодрость

вежливость
великодушие
верность
веротерпимость
веселье
внимательность

гармония
грациозность

дальновидность
деловитость
дисциплина
доверие
доверие себе
добросовестность
доброта
достоинство
дружба

заботливость
здоровье

инновация
интеллект
интерес
интуиция

качество жизни
командный дух
контроль
креативность

легкость
лояльность
любовь к ближнему

мир
мотивация
мудрость
мягкость

надежность
наслаждение
настойчивость
нейтральность
независимость
неподкупность
нравственность

обаяние
оптимизм
ответственность
открытость

порядочность
признание
приключение
принятие
приязнь
прогресс
прозрачность
пунктуальность

радость
реализм
репутация

самодисциплина
свобода
сила
симпатия
скромность
смелость
смирение
смышленость
сознательность
солидарность
сопереживание
сочувствие
справедливость
стабильность
старательность
страсть

творчество
терпение
терпимость
толерантность

традиция
трудолюбие

уважение
уверенность
уравновешенность
успех

фантазия

харизма

целостность
целеустремленность

честность
честолюбие
чувствительность
чуткость

щедрость

эстетика
энтузиазм
экономия
эффективн-ость

юмор

Мой дневник счастья　　　　　Дата:_____

Мои цели:

1. _____

2. _____

3. _____

За что я благодарна? _____

_____

_____

Что я сегодня сделала хорошо? В чем я была успешна?

_____

_____

_____

Что я сделала сегодня для достижения моих целей?

_____

_____

Кого и чем я сегодня обрадовала, сделала счастливым?

_____

Чем я сегодня горжусь?

_____

Системы половых органов мужчины и женщины

Человеческий организм с огромным количеством функций является чудом природы, которым мы не перестаем восхищаться.

Одна только репродуктивная система человека чего стоит! Системы половых органов мужчины и женщины так мудро устроены и идеально подогнаны друг под друга, что продолжение нашего великолепного рода гарантировано (*источник графиков: www.msd-gesundheits.de*).

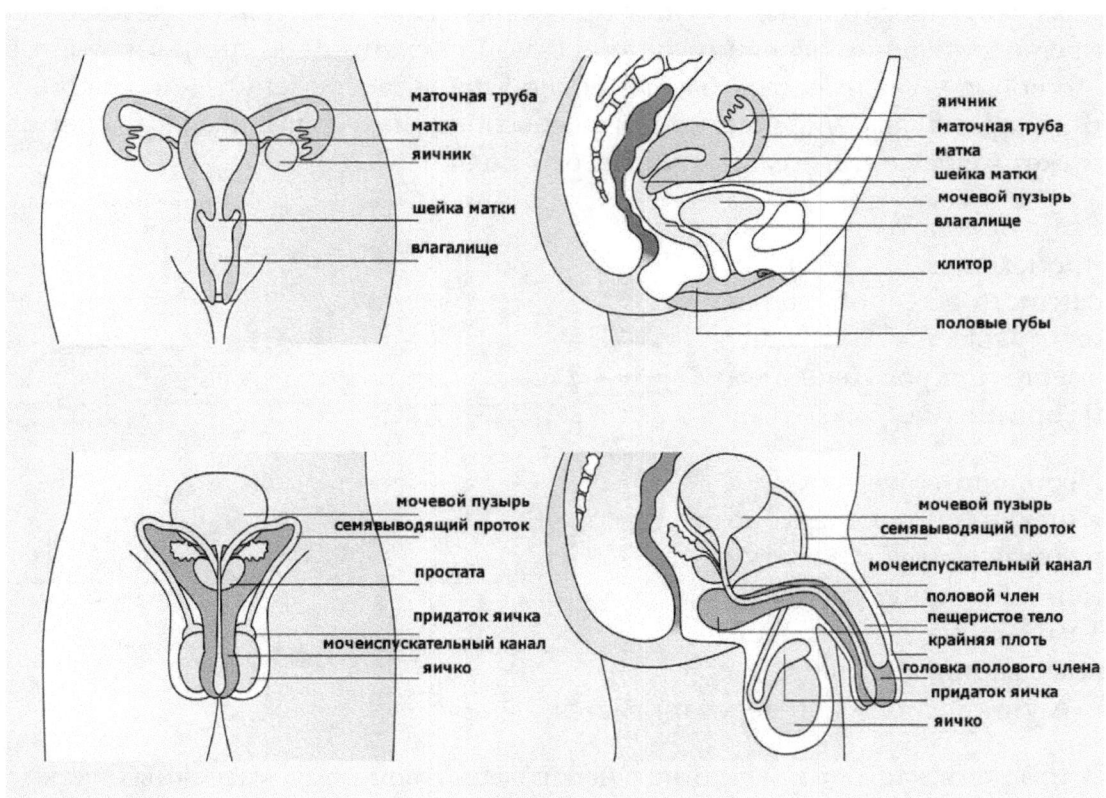

Женщинам, которые хотят больше узнать о своем теле и сексуальности, я с удовольствием рекомендую страницу в интернете *www.lilli.ch*. На этой странице очень хорошо и подробно раскрыты темы сексуальности и самоудовлетворения. Желаю получить удовольствие наслаждение во время и после чтения…

Описание менструального цикла

Продолжительность менструального цикла составляет 28 дней. У 50% женщин цикл длится от 23 до 35 дней. Цикл начинается с первого дня кровотечения из полости матки. У большинства женщин кровотечение продолжается от 3 до 7 дней. При этом женщина теряет около 60 мл крови.

В течение месяца матка готовится к возможному оплодотворению, наращивая слизистую оболочку для принятия яйцеклетки.

Самыми фертильными днями являются дни, непосредственно предшествующие овуляции и день самой овуляции (2-4 дня) – именно в это время у вас имеется самый большой шанс забеременеть (см. график). В то время как яйцеклетка жизнеспособна максимум 24 часа, сперма может жить в организме женщины от 3 до 5 (!) дней.

Если оплодотворение не происходит, часть слизистой оболочки отмирает и выходит вместе с кровотечением из организма.

Неоплодотворенная яйцеклетка попадает по маточной трубе в матку или в брюшную полость. Там она умирает, всасывается клетками иммунной системы и переваривается.

В то время как одни женщины испытывают во время «месячных» такие боли, что не могут ходить на работу, у других растет желание заниматься сексом. Исследования института имени Кинси показывают, что 15% женщин занимается сексом во время менструации, а 48% женщин избегает половых актов в это время *(источники: www.gesundheitsinofrmation.de и www.watson.ch / график: www.de.eucerin.ch)*.

Еще больше ценной информации на эту тему ты можешь найти на странице *www.menstrautionsstrasse.de*.

**Я рекомендую книги
(чтобы больше знать, нужно каждый день читать!):**

- Джозеф Мэрфи «Сила вашего подсознания»
- Берн Ронда «Секрет»

- Джон Грэй «Мужчины с Марса, женщины с Венеры»
- Пауло Коэльо «Алхимик»
- Джордж Самюэль Клейсон „Самый богатый человек в Вавилоне"
- Бодо Шефер «Пес по имени мани»

Я рекомендую фильмы:

- *Embrace* – документальный фильм о том, что делают с женщинами стандарты красоты. Этот фильм должны посмотреть все женщины! www.embrace-derfilm.de

- The Shift by Dr. Wayne W. Dyer
  - в этом фильме люди переживают квантовый скачок сознания и таким образом меняют свой взгляд на мир и свою жизнь.

Я рекомендую страницы в интернете:

- *www.lilli.ch* – отличная страница в интернете, которая очень подробно раскрывает тему женской сексуальности. Рекомендую заглянуть на нее каждой женщине, которая хочет больше узнать о себе, своем теле и своей сексуальности.

- *www.zeitzuleben.de* – весьма объемистый интернет-справочник по темам: коммуникация, успех, планирование жизни и мотивация.

- *www.testedich.ch/quiz31/quiz/1343650597/Bist-du-zufrieden-mit-deinem-Koerper* – хочешь с помощью теста выяснить, насколько ты довольна своим телом? Тогда пройди этот тест!

Биография Кармен К. Хазелвантер

Автор этой книги родилась 24 июня 1969 года в Австрии, в маленькой деревушке (2000 жителей) на берегу реки Инн в сердце Тироля. Ее и двух ее братьев растили заботливые родители.

С рождения Кармен была открытой, общительной и очень любопытной девочкой. Она внимательно наблюдала за всем, что творилось вокруг нее, а остальные знания о мире жадно черпала из книг, читая все, что попадало ей в руки. Уже ребенком она мечтала объехать весь мир и записывать свои впечатления!

В то время как ее школьные друзья строили серьезные планы на будущее, тщательно выбирая профессию и место учебы, Кармен решила рискнуть и выбрать себе в учителя никого иного, как саму жизнь! К счастью, ее свободно мыслящие родители поддержали ее мечту. И вот, после успешного окончания частной школы, имея за плечами лишь недолгий первый опыт работы оценщицей кредитоспособности в посылочной компании, семнадцатилетняя Кармен сидит в самолете, направляющемся в Лондон! Несовершеннолетняя девушка-подросток летит одна в столицу мира — небывалый случай, произведший фурор в родной деревне.

Так Кармен покинула свою «зону комфорта» и оказалась в мире, полном неожиданностей, приключений и постоянной необходимости расти и преодолевать себя. В Лондоне, где она поначалу работала гувернанткой, она сразу увидела огромное количество возможностей познакомиться с людьми различных культур, национальностей, вероисповеданий. Особенно ее восхищали женщины, их судьбы, их взгляды на мир. Кармен всегда была очень общительна и легко завязывала отношения с людьми. Вскоре у нее появился большой круг общения и много предложений работы. Она с удовольствием пробовала новое и, действительно, постоянно училась у жизни, у людей, с которыми жизнь ее сводила. В еврейском доме престарелых, где она работала ассистенткой, она, затаив дыхание, слушала полные драматических поворотов истории немецких и австрийских беженцев времен второй мировой войны. Работая у еврейского резчика алмазов в сердце Лондона, она познакомилась с еврейской деловой хваткой и научилась ее ценить.

После полутора лет пребывания в Лондоне Кармен отправилась путешествовать по миру дальше. Города Амстердам, Париж, Афины, Цюрих и страны Италия, Франция и Швейцария стали ей родными, потому что они дали ей возможность постоянно раскрывать свой потенциал. Она продавала на ярмарках собственноручно сделанные украшения, играла на площадях столиц мира на музыкальных инструментах, работала гидом на выставках и туристическим гидом в крупных городах Европы. Ее восхищал отельный бизнес, и в зимние сезоны она с удовольствием работала на лыжных курортах в Австрии и Швейцарии, сделав карьеру от прислуги до регистратора, а позже и до ассистента директора. Знание иностранных языков очень сильно помогало ей, и, при всех этих занятиях, она снова и снова убеждалась в своем таланте чувствовать и понимать людей. Вспомнив, что уже ребенком она любила записывать разные истории, Кармен начала сознательно практиковать ведение дневников. Регулярная фиксация пережитого на бумаге помогала ей упорядочить пестрые впечатления дня и прийти к глубоким осознаниям.

Страсть к путешествиям и интерес к другим культурам занесли Кармен в возрасте 24 лет в Центральную Америку, которую она в течение восьми месяцев исколесила вдоль и поперек и познакомилась с простым сердечным нравом южноамериканцев и их зажигательной музыкой. На волне этого восторга она устроилась работать секретарем капитана на круизном лайнере генуэзской компании Costa Crociere. В чине офицера она бороздила Карибское море в то время, когда число женщин, являющихся членами экипажа, составляло 10%. Для Кармен это время было невероятно полезным и поучительным опытом жизни и работы в необычных условиях.

По возвращении в Австрию Кармен начала работать в качестве гида в австрийской туристической компании «Touropa». Это была «работа ее мечты», так как здесь она могла совмещать зарабатывание денег и профессиональный рост со своим любимым хобби, путешествиями. Это была захватывающая работа «на адреналине» — постоянное перемещение с места на место и при этом четкая координация и организация этих перемещений, оперативное решение самых неожиданных проблем на местах, чтобы в итоге все были довольны и счастливы. Ее рабочими местами были Канарские и Балеарские острова, а затем Греция, страна древних богов, мифов и гостеприимного народа, к которому она почувствовала глубокую симпатию и привязанность. В межсезонье Кармен училась на курсах графического дизайна и компьютерного программирования и все сильнее и сильнее испытывала желание научиться увековечивать свои неисчислимые творческие идеи в произведениях искусства. Для этого она отправилась в Афины, величественный древний город с семью миллионами жителей. Разослав более 250 резюме (тогда еще в форме писем по почте), она в итоге оказалась в маленькой рекламной фирме графического дизайна, где она стала заниматься не только дизайном, но и привлечением новых клиентов из немецкоязычных стран.

Зная, что любой конец всегда означает начало чего-то нового, Кармен покинула в 2002 году страну древних богов и мифов. В этот момент ей было 33 года, и она ясно почувствовала, что дальше она хочет использовать свой опыт работы на новом поприще. Она недолго размышляла, когда ей предложили занять место ассистентки директора во вновь открывшемся казино Санкт-Морица, самого гламурного горнолыжного курорта в мире, раскинувшегося во впечатляющей своими пейзажами альпийской долине Энгадин в Швейцарии. Кармен снова вступила в новый мир, вернее даже в два мира — мир люксовых курортов и мир казино, который в качестве новой коммерческой деятельности еще только начинал свое поприще в Швейцарии.

Одновременно с работой Кармен повышала и расширяла свою квалификацию. Она активно посещала различные курсы и институты. В 2012 году Кармен Хазелвантер закончила заочное отделение университета со степенью Masters for Advanced Studies (MAS). Заключительную работу она написала на тему *„Творчество как ключевой ресурс для развития малого предпринимательства сегодня и в будущем»*. Кроме того, Кармен получила профессию духовного и системного коуча и бизнес-консультанта. Одновременно шло ее продвижение по карьерной лестнице в казино, которое тем временем процветало и превратилось в одно из крупных в Европе. Ей были последовательно предложены должности в администрации, отделе кадров и отделе маркетинга.

В это время Кармен Хазелвантер открыла для себя еще одну страсть: организацию мероприятий, где она могла по полной программе реализовывать себя творчески. Одновременно она основала фирму «*Creativitá*», сфера деятельности которой объединяет все интересующие Кармен направления: стиль жизни, писательство, фотография и консультирование. Кармен считает, что каждый человек сам творит свою жизнь. А значит, каждый человек по своей сути креативен, обладает творческим подходом. «Просто не каждый набирается смелости раскрыть и проявить свой творческий потенциал, показать себя миру», - говорит она.

После полутора лет работы в должности заместителя директора казино Санкт-Морица, Кармен Хазелвантер в июле 2014 года стала его директором. Тем самым она стала второй женщиной на руководящей должности в холдинге Casinos Austria International. Кармен работает в должности директора казино Санкт-Мориц уже пятый год и очень любит свою работу, потому что она связана с общением с разными людьми. А это всегда доставляет Кармен удовольствие, радость и дарит вдохновение.

Проявлять себя творчески — для Кармен является такой же необходимостью, как дышать. Она творит в качестве фотографа, художника (в основном по дереву), писательницы и блогерши. То, что она может в своих книгах поделиться своим опытом с другими людьми, наполняет ее гордостью! *„Я очень благодарна тому, что моя жизнь наполнена разнообразием, возможностями и счастьем. Это моя глубокая потребность — рассказывая о своем опыте, вселять веру и смелость в людей, особенно в женщин. Я хочу показать, что каждый человек может дотянуться до звезд. Главное — принять решение действовать в этом направлении и ежедневно совершать для этого по крайней мере одно действие!"*

В полном соответствии с философией жизни Кармен: *„В жизни человека возможно все, если он преодолеет свои собственные ограничения!"*

Информация о контактах

Хочешь еще больше узнать о Кармен К. Хазелвантер?
Тогда посети ее страницу в интернете и социальных сетях. Ты можешь написать ей сообщение на электронную почту. Ее контактные данные:

Email: info@creativita.cc
Instagram: www.instagram.com/carmencreativita/
Facebook: www.facebook.com/Kreativitaetsmanagement/
Homepage: www.carmenchaselwanter.com, www.creativita.cc,
              www.PowerCoachOfTheAlps.com

Другие произведения автора

Кармен К. Хазелвантер, которая работает в качестве коуча, фотографа, руководителя проектов, креативного менеджера, художника, предпринимателя и директора, опубликовала кроме этой книги, следующие произведения:

Хочешь... мужчину твоей мечты?
ISBN: 978-3-907151-02-0

Хочешь... успеха? Мой путь от гувернантки до директора казино в Санкт-Морице
ISBN: 978-3-907151-03-7

Come, I'll show you how beautiful Engadin St.Moritz is... in Autumn
Смотри, я покажу тебе, как красива альпийская долина Энгадин и Санкт-Мориц осенью - ISBN: 978-3-907151-00-6

Come, I'll show you how beautiful Engadin St.Moritz is... in Summer
Смотри, я покажу тебе, как красива альпийская долина Энгадин и Санкт-Мориц летом - ISBN: 978-3-907151-12-7

Благотворительность

Купив эту книгу, ты сделала доброе дело не только для себя или доставила радость другому человеку, но и одновременно оказала благотворительность. Именно. Как так?

10% от продажной цены этой книги идут на поддержку благотворительных заведений! Автор этой книги Кармен К. Хазелвантер много лет делает благотворительные взносы в такие благотворительные организации как «Врачи без границ», *WWF*, „Гринпис" и более мелкие организации. Также Кармен К. Хазелвантер поддерживает в качестве крестной матери девочек на Бали, в Тибете, Индии и т.д. **СПАСИБО!**

Проживай каждый день так, как будто ты всю жизнь жила ради этого дня...

www.ingramcontent.com/pod-product-compliance
Lightning Source LLC
Chambersburg PA
CBHW082141230426
43672CB00016B/2932